大学生讲党史丛书

青年说国防

主编◎许红军

湘潭大学出版社

图书在版编目（CIP）数据

青年说国防 / 许红军主编． -- 湘潭 ： 湘潭大学出版社，2021.12

（大学生讲党史丛书）

ISBN 978-7-5687-0690-2

Ⅰ．①青… Ⅱ．①许… Ⅲ．①大学生－国防教育－中国－文集 Ⅳ．①G641.8-53

中国版本图书馆 CIP 数据核字（2021）第 262353 号

青年说国防

QINGNIAN SHUO GUOFANG

许红军 主编

责任编辑： 刘禹岐
封面设计： 李　平
出版发行： 湘潭大学出版社
社　　址： 湖南省湘潭大学工程训练大楼
电　　话： 0731-58298960 0731-58298966（传真）
邮　　编： 411105
网　　址： http://press.xtu.edu.cn/
印　　刷： 长沙鸿和印务有限公司
经　　销： 湖南省新华书店
开　　本： 880 mm×1230 mm 1/32
印　　张： 6
字　　数： 120 千字
版　　次： 2021 年 12 月第 1 版
印　　次： 2021 年 12 月第 1 次印刷
书　　号： ISBN 978-7-5687-0690-2
定　　价： 29.00 元

在学党史中汲取青春奋进力量（代序）

习近平总书记在党史学习教育动员大会上强调，要“抓好青少年学习教育，让红色基因、革命薪火代代传承”。在中国共产党成立100周年这一重大历史时刻，深入开展党史学习教育，讲好党史故事，可以更好地落实立德树人根本任务，在青年学生心底打上鲜明的红色烙印。

在中国共产党百年伟大征程中，涌现了一大批视死如归的革命烈士、一大批顽强奋斗的英雄人物、一大批无私奉献的先进模范，以及千千万万平凡而又伟大的建设者。百年党史这部厚重的教科书里，蕴藏着最为丰富生动的教育素材，一个又一个可歌可泣的感人故事，铸就了一座又一座永不褪色的精神丰碑，更承载着中国共产党人的精神谱系。学习党史，是一门赓续红色基因、坚定理想信念的必修课；学好党史，是一门传承革命精神、凝聚奋进力量的实践课。

湘潭大学是毛泽东同志亲自倡办、亲笔题写校名、亲切嘱托一定要办好的大学，是习近平总书记寄予殷切期望、特别指示要办得更好、更有特色的大学，具有独特的政治优势，充盈着鲜亮的红色基因。把党史故事宣讲好、传承好、发扬好，让广大青年学生厚植爱党爱国爱社会主义情感，是我们义不容辞的使命担当。

如何深读党史这本教科书，点燃青年学生学习党史热情？湘大学子用自己的言行给出了响亮的回答。他们把自己的爱国之情、报国之志和强国之行，倾注在笔端，绽放在舞台，流淌在心间，通过自己的述说，传入耳朵，打动心灵，扎根头脑。湘潭大学将其中优美的文字、感人的场景、励志的故事汇编成册，结集出版《大学生讲党史丛书》。这是湘潭大学深入学习贯彻习近平新时代中国特色社会主义思想，扎实开展党史学习教育，着力打造“三全育人”体系，构建“大思政”格局，推动马克思主义理论研究学科优势转化为育人优势的有益探索，也充分展现了湘大学子政治可靠、能力过硬、作风优良的良好精神风貌。

这些文字，或抒写青春感悟，或聚焦家国情怀，或触摸时代脉搏，是湘大学子放飞青春梦想、抒写青春华章的立体展示。丛书突破“强制灌输”“反复说教”的传统模式，通过“讲一讲”“写一写”“演一演”等青年学生喜闻乐见的形式，让党史学习走“新”更走“心”。同时，以大学生的视角和语言形态，将不同时期党史人物的感人故事、先进事迹，融入大学生讲述党史故事、撰写党史学习心得、排演爱国主义剧目的全过程，镌刻成一个个让人津津乐道的“时代符号”。这些创新做法，凸显内容的思想性，营造传播的共鸣感，以德育德，感同身受，有力推进了党史学习往深里走、往心里走、往实里走。

让广大青年学子了解党的历史，从心底认同党、热爱党、感恩党，是立德树人的题中应有之义，也是一项长期的光荣事业。希望全校广大教师充分利用校内外红色育人资源，创新教育形式和载体，进一步讲好党的故事，讲清党的贡献，讲透党的理论，教育引导青年学子从党史学习中树牢信仰、汲取力量，为培养担当民族复兴大任的时代新人作出新的贡献！

湘潭大学党委书记　黄云清

2021 年 12 月 15 日

目　录

第一篇
书生意气，挥斥方遒

“鲜衣怒马少年时，不负韶华行且知。”青年是国家的现在和未来，承载着无数的殷切期盼。青年以奋进的姿态，在自我完善中与国携手，以青春之我，创建青春之国家；以悠然的姿态，在平凡岁月中与国相守，悠悠流长，静默中等待花开。青年一代意气风发，必定勇立时代潮头，奔赴时代盛宴。

潇湘少年说

柳王敏

赫赫中华，泱泱大国。东滨四海，西屏珠峰。
南北迢递，气势恢宏。高山绵亘，河渠横纵。
江山如画，豪杰纷呈。始皇一统，武帝开疆。
盛世大唐，朝来万邦。康乾之际，雄傲东方！
纪年五千，跌宕风云。仁风远播，源远文明。
洎及近代，积弱积贫。东北三省，日寇入侵。
九原板荡，戮我生灵。兄弟一心，同裳偕行①。
百载狼烟，满目疮痍。筚路蓝缕，且探且进。
甲子有六②，重振乾坤。复兴之梦，重入强林。
晨钟示警，暮鼓声闻。前事不忘，九三亮剑。

---

① 兄弟一心，同裳偕行：指国共合作，共同抗日。“岂曰无衣？与子同裳。王于兴师，修我甲兵，与子偕行！”出自《诗经·国风·秦风·无衣》。

② 甲子有六：指新中国成立66周年，甲子为六十年别称。

居安思危，枕戈待旦。蹇运祚长[1]，多难兴邦。

呜呼！任公发聩，仲甫运新[2]。润之新民，风云激荡[3]。

先烈士卒，云霄回荡。国之少年，矢志不忘。

今朝学子，齐聚潇湘。象牙塔内，抖擞戎装[4]。

文明精神，野蛮体魄。经天纬地，为国栋梁。

（本文作者为湘潭大学文学与新闻学院2014级中国古代文学硕士研究生）

---

① 蹇运祚长：蹇运，指不顺利的遭遇。祚，指福气。四字意为不顺的遭遇过后将会有长久的福，承接下文的“多难兴邦”。

② 任公发聩，仲甫运新：梁启超，字卓如，号任公，其于1900年作《少年中国说》，指出“少年强则国强”，为当时振聋发聩之语。陈独秀，原名陈庆同，字仲甫，号实庵，他是新文化运动的发起者之一。

③ 润之新民，风云激荡：毛泽东，字润之。他和蔡和森等人在1918年于长沙成立新民学会，旨在“改造中国与世界”。

④ 象牙塔内，抖擞戎装：指大学生军训。

在军训中一窥湘大精神

贺熙文

每一个国家都有一面代表自己国家内涵的旗帜，而每个大学也应该有属于自己的独特精神。作为一名 2012 级的所谓“老生”，经历的军训现在回想起来仿佛还在昨天。迎面而来的不光是一道道整齐、靓丽的方阵，更是永远铭刻在心的青春好时光；随处可见的不光是一个个可爱、亲切的面孔，更是永远不会忘记的好友模样。那时候，仿佛每个下午都有阳光，空气里扑面而来都是青草的气息。那严厉却又真诚的“教官服”、那些第一次建立起来的友谊，伴随着时光的流逝，反而显得更加深刻起来。而这四年的湘大生活仿佛印证了这一句话，就像当时觉得“解散”就是解散，其实于我们而言，却更像是新的开始。

自强不息是我认为的第一个湘大精神特质。在军训场上强大自己必须通过不懈的努力，而在人生的军训场上，更是意味着一个人的处境即使糟糕，也能通过持之以恒的努力和付出成就一个强大的自己。2015 年是中国人民抗日战争暨世界反法西斯战争胜利70周年，70年前，中国人民刚刚通过艰苦的战斗，迎来了中国人民抗战的胜利。那是多么艰难的时刻啊！日本帝国主义侵略，中华民族度过了命运给予的最深沉的考验；国步艰难，中国人民走过了岁月布下的最泥泞的道路。而后，中国逐渐走向了富强之路，中国人民站起来了！

每一个学校都是一个城堡，我们则是城堡上最靓丽的旗帜。我们即将告别学生年代，外出实习，进入社会可能更多的不是遇到它的温和，而是磨砺。这个时候，我们必须调整好心态，学会自强不息，迎难而上。今天我为我是湘大学子感到骄傲，明天湘大为我是湘大学子骄傲。面对困难，学会坚持，不放弃努力，终有一天，我们一定会有够多的光明，来造就一个美好的未来。

其实作为学长，我还是有些羡慕2015年入学的学弟学妹们的。由于我准备考研，所以这个暑假是在学校度过的。面对炙热的天气，我很高兴自己能够坚持下来的同时，更加为能直面感受湘大的变化而倍感庆幸！食堂改建了，不光环境更“高大上”了，我们的伙食发在朋友圈也能引起其他高校的同学点赞了！北苑宿舍扩建了，新生进来有自己的独立卫生间了，还安装上了防盗门，北苑由湘大“最不能说的秘密”慢慢有了口碑，并有超越金翰林宿舍的趋势了；不好的路段进行重修和扩展了。明显感觉到湘大的很多路段更加整洁宽敞了，每次自习完骑单车回宿舍的时候，总感觉路途非常的平坦，迎着空气中裹着的泥土的芬芳，那是我一天中最惬意的时刻。现在听说湘大准备扩建，看到规划图，我脑海中马上能清晰地浮现出她以后愈发美丽迷人的模样。或许这是我最后一次以在校学生的身份，观看新生军训了，但是以后不管我们在何方，肯定得常回家看看！

敢为人先是我认为的第二个湘大精神特质。不论是刚入学的我们参加军训，还是之后几年以“老生”的心态感受军训，我都发现敢为人先是追求卓越的必备前提。军训结果展示的时候，一道道方阵就像一团团绿色的火焰、一片片移动的海洋，随着主持人激情洋溢的话语，一道道方阵拼命展示自己特有的青春风姿。严谨中含有些许活泼，庄严中暗带几分潇洒。在图书馆阳台上看得我也心潮澎湃，不由得行了一个军礼。这个时刻，有人字形的鸟群从我眼前掠过，歌曲依旧雄壮，而我目光却随着鸟群去了很远很远的地方，我知道它们不会再回来，就像我们人生中最美好的这几年大学时光。未来，现在，过去，就这么奇妙地结合在了一起。我想多年以后，当我再来到图书馆6楼的阳台，我准会想起这个阳光正好，草野青青的遥远的下午。

作为湘大学子，这种敢为人先的精神不光应该在军训中得以展示，在面对各种机遇、各种挑战时也应该迎难而上，勇当时代的弄潮儿。在新时期的时代背景下，我们虽然不要面对那炮声隆隆的战场，迎向那下一秒生离死别的枪响，但这并不意味着我们肩上的担子不重。2012年我们刚入学的时候，看到大学生毕业人数达到680万，再创新高时，其实并没有多少概念。但是到了2015年，看到大学生毕业人数突破了740万时，面对未来，充满期待的同时，也充满着压力。我们应该退缩么？我们应该恐惧么？不！大学的第一堂课，军训就告诉我们，只有敢为人先，方能做出一番成绩。我们面对这种严苛的环境不应该逃避，更不应该做“啃老族”，而是应该迎难而上，在新时期的时代背景下，争做时代的弄潮儿。中科院院士袁亚湘学长、世界“SLS之父”许小曙、文化学者王鲁湘，等等，这些学长们可都是我们的榜样啊！

2015 届军训刚过去不久，可能也是我最后一次以在校生的身份感受这逼人的青春气息了。值此纪念中国人民抗日战争暨世界反法西斯战争胜利 70 周年的伟大一年，也是我即将面对人生考验的一年，考研是我对人生的再一次选择，是我想踮起脚尖，再给自己人生多一些选择的可能。自强不息，敢为人先。从刚刚穿上军训迷彩服，迫不及待地与同寝好哥们合影留念的大一新生，到现在脸上写着所谓“成熟”二字的学长，其实我知道，此刻我依然非常年轻。我停好单车，一抬头，阳光显得有些刺眼，又有一阵风吹来，我仿佛听到了第一教学楼阵阵悦耳的读书声，尽管没有那么清晰，却令人分外心安；我仿佛也嗅到了属于书本特有的香气，我不禁显得有些急不可耐起来，几个大步跨上一教的台阶，走向了常去的自习室……

后方旗台上高高挂起的五星红旗正迎风飘扬，而我庆幸，此刻也正在前进路上。

（本文作者为湘潭大学文学与新闻学院 2012 级汉语言文学 1 班本科生）

中国姿态

曾若航

中国姿态是一种风尚，是一份非凡的力量。

你们一身豪气，飒爽英姿，英豪千秋在；你们一身正气，侠肝义胆，丹心万古存。“醉卧沙场君莫笑，古来征战几人回”是岁月变迁、历史长河中的千古绝唱；“黄沙百战穿金甲，不破楼兰终不还”是苍茫大地、渺远沙漠中的铮铮誓言；“想当年，金戈铁马，气吞万里如虎”是浩气荡存、势不可当的豪迈气势。你们是祖国的守护神，你们是人民的子弟兵，你们是忠诚的代名词。

铁血男儿，忠诚依旧

有人羡慕军人一身笔挺的军装，步伐铿锵，眼睛炯炯有神；有人赞赏军人一腔浓厚的爱国情，侠肝义胆，正义耿直。不管怎样，军人都以一种铁血男儿的姿态吸引了无数人，感染着无数人。

正义的光辉照遍了大地，“每一寸土地都是我们自己的”，这句誓言镌刻在每个中国人的心中，即便是“国破山河在，城春草木深”的困境来临之时，中国也有从未失去自信力的人撑起了民族的脊梁。十四年民族抗战，奋起反抗，正是这一个个临危授命、舍生取义的中国军人承担起了民族复兴的责任。

九一八事变我东北三省惨遭日寇铁蹄蹂躏，南京大屠杀我三十万同胞惨遭杀戮，在“寸寸河山寸寸金，侉离分裂力谁任”的时刻，也正是这一个个忠诚不二、碧血丹心的中国人开拓出民族生存和发展的道路。只是战争无情，战场上炮火声轰鸣，硝烟弥漫，血红的晚霞在渐渐消退，一具具军人的尸体垒起了祖国的明天，而战争留下的鲜血则带来了永远无法弥补的伤痛。

铁血男儿，忠诚依旧在；赤胆忠心，屹立壮士魂。剑拔弩张之际，民族危亡之时，这些凝聚在中华民族灵魂中的力量也就破茧而出，气贯长虹。

青春学子，意气风发

那时依然恰同学少年，风华正茂，书生意气，挥斥方遒；那时依然恰青春岁月，懵懂年少，对未来抱有纯真的幻想。而军训这节走进大学的第一课也教会我们成长，带给我们新的希望。

迎着熹微的晨光，呼吸着清新的空气，我们在鸟儿清脆的啼鸣声中开始了早训；顶着刺眼的阳光，感受着炙热的空气，我们在万里无云的天空下体验着军训的滋味。是军训教给我坚持——在汗流浃背的军姿过程中站立不动，心无杂念的坚持；是军训教给我严谨——在简单反复的动作练习中戒骄戒躁，力求完美的严谨；是军训教给我团结——在丰富多彩的军队故事中感受情深义重与团结的力量；是军训教给我爱国——在主题鲜明的军歌中学习一心一意，单纯坚守的爱国。尽管军训的时光十分短暂，但军训教给我的经验却将伴我一生，不管以后的生活多么艰难曲折或是充满挑战，我都会从心底里感激这段嘴上虽满是抱怨，心中却不留遗憾的时光。

青春学子，意气风发梦不变；军训时光，刻骨铭心难忘怀。逆水行舟之际，艰难坎坷之时，这段深藏在青春学子心中的回忆也就仿佛历历在目，细水长流。

祖国未来，风光无限

让我用五颜六色的画笔描绘出祖国的大好河山，描绘出黄河的奔流不息，青藏高原的连绵起伏。

让我用雄厚粗犷的声音奏唱出祖国的秀美山水，奏唱出驼铃声的悠悠回荡，桂林山水的秀丽端庄。

让我用非凡的思维规划出祖国的发展蓝图，规划出祖国的美好未来。

"我们自古以来，就有埋头苦干的人，有拼命硬干的人，有为民请命的人，有舍生取法的人"，也正是这些心中有大义的人开拓出了民族的未来。现实无法否认中国的发展速度和发展成果："歼"系列战机在蓝天中自由翱翔，主战坦克在陆地上驰骋穿越，"蛟龙号"潜水器在深海底部游动穿行。当我国制造的产品远销海外，当奥运会赛场掌声和欢呼声将五星红旗托上蓝天，当国家领导人的一次次国事访问将中国推向全世界，我们是何等的自豪和荣耀！尽管和平年代下依旧暗流涌动：日本政府解禁集体自卫权，军国主义势力仍有抬头之势，恐怖主义蠢蠢欲动，西方和平演变更加隐蔽。但我始终相信，在中国梦的引领和社会主义核心价值观的引导下，中国能更加繁荣，走向辉煌！

旭日祥云各地竞盛，祖国未来风光无限。数十载春秋过，江山万里红。五谷丰登之际，欣欣向荣之时，这些繁荣富强新景象带来的影响也就更加持久深远。

是军人教会我“一片丹心图报国，两行清泪为忠家”的赤诚；是军训教给我“宝剑锋从磨砺出，梅花香自苦寒来”的坚忍；是祖国带给我“踏遍青山人未老，风景这边独好”的希望。

不同的个体和群体以他们独特的姿态伴随我们成长，而中国姿态必将以更加崭新的面貌和更加强大的力量走得更高，更远！

（本文作者为湘潭大学法学院·知识产权学院2015级法学5班本科生，现工作单位为国浩律师〔成都〕事务所）

行者如歌

刘怡飞

朝日东升
散兵游荡于操场
眼中蒙着薄雾
心里住着迷茫
这军姿有何用
这正步又如何
我不知拉歌的故事里
红军漫长的队伍里
和我同样稚嫩的你
看着那雪山刺眼的白
赤水翻滚的浪
草地吃人的泽
以及背后穷追不舍的虎豹豺狼
甚至沿途的炊烟

家中的淡饭
心上人雁寄的情书
是否也让你有了归程的徘徊

残阳如血
方阵里有一个我
左边是一个风吹不动的飒然军姿
右边是一个脚起沙落的踏踏正步
我知道那个歌里的英雄
一路西征北进的你
正是用这军姿安抚征途百姓
用这正步将豺狼虎豹踏在脚下
脚下的茧，手中的刀
风雪里的薄衣
草地上的木杖
甚至老妪的奶茶
诗人的吟唱
怀里送给心上人的雪莲花
都暗叫着、嘶吼着
向前，向前
去摸索黑暗，去探索光明！

（本文作者为湘潭大学文学与新闻学院2013级汉语言文学1班本科生）

写给自己的一封信

翟雨溪

亲爱的自己：

你好，这封信有点姗姗来迟，现在的你已经过了十八岁的成年礼，也经历了半个月的军训，现在的你，已成为中华人民共和国法定的“成年人”。

经历了军训的你，皮肤已经黑了一度，认识了有着革命情怀的朋友，学到了如何摆臂，如何踢正步，也理解了营长最初说的那些话。经历了军训的你，懂得了坚持，坚持这一秒，你才会在下一秒知道上一秒并不是你的极限；正步定腿，抬高一厘米便知道你还可以更高；军姿调整，你便知道骄阳下的一抹清风是最好的礼物。参加了早训，你看到了最美的日出；经历了晚训，你欣赏了最璀璨的星辰。军训没有让你瘦成闪电，但是，它让你黑成一片乌云。军训没有让你的气质变得更好，但是，它让你以黑色为主调的脸上多了几个红色的痘痘。军训没有让你改变作息习惯，但是，它让你明白，你做的事都会以另一种方式回报给你。

你不是一个恋旧的人，你只是怀念清晨六点的日出；你不是优柔寡断的人，你只是听到最后一声“解散”的时候不舍离开；你不是一个爱哭的人，只是告别的那天眼睛迷了沙；你不是一个热情的人，只是……只是想去对教官表示感谢……算了，你不要逞强了，明明怀念军训的点点滴滴，怀念做过的每一个俯卧撑，怀念每一次站的军姿，怀念连长每次的“训话”，你明明舍不得告别，却逞强地头向上仰，泪往回流；你明明想要表达自己的感情，却又故装冷漠。你啊你，让我又气又爱，明明是一个多愁善感的人，却要装出一副不解风情的模样。

你曾想有一个奢侈的成年礼，你曾想要自己十八岁的生日朋友全到场，这些，都没有。但是，你不曾后悔，你的生日是军训的开端，你的成年礼物便是为了军训剪掉了长发。在军训中，你学会了坚持，明白了所有遇见都是最好的安排，你懂得了所有的事情不要靠别人的施舍，你要变强。你迈入了成年人的行列，便要褪去幼稚和不成熟；你走过了军训，便要明白所有的一切只有靠自己。

亲爱的自己，记住一句话，“不要活得太安逸，要不然努力一下便觉得像拼了命”。我们永远不知道自己的潜力多大，因为我们从未走入深渊。我们只是享受现在的和平，却未曾感谢那些为我们负重前行的人们。亲爱的自己，我是最了解你的人，我知道你会因为全体肃立奏唱国歌而感动，我知道你会因为集体朗诵而激动，你具有一名中国青年应有的归属感，你想成为习近平总书记口中的“有灵魂、有本事、有血性、有品德”的新一代革命军人，但因为种种原因，只能做一个遨游在知识海洋里的战士。所以啊，无论前面的路多么坎坷，即使荆棘横生，即使血肉模糊，也不要低下高傲的头颅。

那位成年的自己，今后的路还很长，你要学会展开翅膀高傲地飞翔。走入社会，记得自己的角色——成年人；走出中国，记得自己的身份——中国人。你还记得军训最初看的文章吗？面对社会那些“崇洋贬中”的言论，你做的不应只是“洁身自好”，你应该站稳自己的立场，即便做不到“以笔为矛”，但也要坚持你对自己祖国的认可。生而为人，便要坚持自己的底线；生而为中国人，便要守护好自己的赤子之心。

亲爱的自己，未来的路还很长，军训只是大学四年的开幕式，任凭岁月冲刷，精彩的瞬间会在记忆长河中熠熠生辉，向前跑吧，带着赤子的骄傲。

祝：遇见最好的你，不负韶华，不负卿。

此致

敬礼！

最了解你的自己

2018 年 10 月 10 日

（本文作者为湘潭大学化学学院 2018 级应用化学 2 班本科生）

从军行·感2018年军训

邓　婕

其一

星寥天欲曙，清寒催人发。
秋蛩声渐退，浅草凝露华。
劲拔如松矗，胜着黄金甲。
思归未苦颜，沉毅莫敢夸。

其二

静如磐石立，行如疾风走。
赳赳兵气壮，铿铿步伐遒。
身虽缠苦痛，心坚难赋愁。
愿为一戍客，寰宇战事休。

其三

潭州庆甲子，吾侪同赴宴。

鼓乐振湘水，士气拥云间。
旗画翻彩浪，战术漫黄沙。
歌声攀瑞霭，四座尽欢颜。

其四

六龙抟暑气，光景泻春衣。
歌歇宴平后，别绪愁思起。
鼓哨尤在耳，比邻寄芳情。
莫使剑蒙尘，时磨断长鲸。

其五

杞梓遍云梦，鸳鸾济潇湘。
由来荆楚地，俱是好儿郎。
执钩捍疆塞，枕典献珪璋。
巍然兴华夏，热血慨而慷。

（本文作者为湘潭大学碧泉书院·哲学与历史文化学院2017级国际事务与国际关系1班本科生）

绿色年华，砥砺前行

蒋　韵

2013 年，习近平总书记出席十二届全国人大一次会议解放军代表团全体会议并发表重要讲话时指出：“要加强国防教育，增强全民国防观念，使关心国防、热爱国防、建设国防、保卫国防成为全社会的思想共识和自觉行动。”

党的十八大以来，习近平总书记亲自倡导推动设立烈士纪念日、国家公祭日，建立党和国家功勋荣誉表彰制度，隆重举行纪念抗战胜利 70 周年、纪念红军长征胜利 80 周年、庆祝建军 90 周年等系列活动，极大振奋了党心、军心、民心。

习近平总书记在党的十九大上指出：“我们的国防是全民国防。”要加强全民国防教育，为实现中国梦强军梦凝聚强大力量。习近平总书记的重要指示为做好新时代全民国防教育提供了根本遵循，指明了前进方向。而军训作为加强全民国防教育的一种重要方式，搭起了大学生与国防之间的桥梁，构建了与军队之间的纽带。

军训，那一段绿色的年华，助我们砥砺前行。

“东方欲晓，莫道君行早。踏遍青山人未老，风景这边独好。”早上五点半我们便在鱼肚白的天色中起床，严格按照教官的要求，佩戴好帽子、肩章，扎紧绿色的腰带，统一穿黑色长袜，在昏黑中前行，在广阔的田径场上集合，准备一天的训练。

古之立大事者，不惟有超世之才，亦必有坚韧不拔之志。军训毫无疑问是考验人的身心意志的。当今，一些青少年缺乏艰苦环境的磨炼，缺乏严格的纪律约束。而军训给我们提供了一次锻炼自我、挑战自我的机会。一开始我们无组织无纪律，到后来我们习惯打报告，服从教官命令；一开始我们娇气、抱怨和不情愿，到后来我们主动承担责任，不怕艰苦；一开始我们彼此陌生，各自为一座孤岛，到后来我们互相交流，齐心协力只为走好方阵。我们越来越坚毅，越来越团结，我们在洗礼中变得自信与坚强。但这一切都是难忘的，难忘垫了五层鞋垫仍不够舒适的鞋子；难忘我们在烈日下站军姿明明觉得无比煎熬却还要咬牙坚持的身影；难忘平时缺少锻炼而在搞体能训练时的艰难……

“恰同学少年，风华正茂；书生意气，挥斥方遒。”军训是一首苦中带甜、泪中带笑的歌。在训练之余我们举行了“斗鸡大赛”“斗舞大赛”“军营好声音”等活动，让许多同学自信地展示了自我。在太阳快要落山之时，太阳的余晖照映着我们的脸庞，我们连和其他连拉着歌：“要你唱，你就唱……”整个田径场都充满了我们“小黑人”的欢声笑语。

古人言：“教，上所施，下所效也。”在军训中，教官给我们树立了榜样，起了很好的带头作用。他们在训练时认真负责，在休息时幽默风趣，陪我们度过了 15 天的绿色年华。犹记在那炎热的下午，空气中没有一丝风，只有脸上的汗珠一点一点地滑落，全营都沉浸在寂静的氛围之中。一个女生俯卧撑撑在地上没过几分钟就选择了放弃。突然听见朱教官严肃的话语传来：“性别不是你们放弃的理由，我也是女生，却也和你们一起坚持训练，别把自己当成娇弱的小女子，而要把自己当成一位战士，去战斗。”个头小小的教官在我心中的形象瞬间高大起来。那句铿锵有力的话语“忍人所不能忍，才能成人所不能成，坚持不住之后，才是真正的开始”，我一直铭记在心里。

军训，留下匆忙的足迹，将故事全部化解于那站在军训的青春中。那些我们在雨中歌唱，在高温下站军姿，在尘土飞扬的田径场上踏步的记忆也变得弥足珍贵。我记得最清晰的还是走方阵时拼命喊出来的那震破耳膜的“一，二”，那种一朵云融入天空的亲切归属感，那一声声让人发颤的一百多人共同踏步的心脏跳动感，那些我们想起来便会嘴角上扬的美好回忆……

军训的最后只剩下了三句歌词，耳畔响起营长温柔的声音：“最怕回忆突然翻滚绞痛着不平息；想念如果会有声音；不愿那是哭泣的声音。”耳畔响起王教官洪亮的声音：“向后转，向着光亮的地方前进，解散一声杀，响遍整个第二田径场。”我会想念但不会哭泣，因为自信已经化为一种力量在困难时给予我们动力，向着光亮的远方前进。

列宁曾说：“爱国主义就是千百年来巩固起来的对自己祖国的一种深厚的感情。”通过军训，我们增强了国防观念和爱国精神。当我们唱起《强军战歌》：“强军目标召唤在前方，国要强，我们就要担当……”心中充满的是浓厚的爱国、爱党、爱军之情。当代大学生与祖国共命运，与时代同奋进，他们中越来越多毅然选择把投身国防、报效祖国作为不悔的青春选择和价值追求。还记得做客湘大的田永清将军，他虽已 78 岁，却依旧精神饱满、中气十足，句里行间充满的是爱国之情和为祖国日益强大的骄傲之情。田永清将军 18 岁入党到如今足足已有 60 年，参军也已有 58 年，他将自己的青春献给了祖国，他的思想永远是红色的，永不褪色的红色。

加强全民国防教育，对于弘扬爱国主义精神，强化忧患危机意识，传承红色基因血脉，涵育崇军尚武文化，增强全民国防观念，意义重大而深远。同时，这项工作也是世界各国所重视的，由此可见，普及国防教育十分有必要。

而如何加强全民国防教育，国家给出了答案。一是立足根本遵循，明确前进方向。不断强化广大人民群众全民国防观念和爱军拥军意识，为实现中国梦强军梦凝聚强大力量。二是推进深化改革，开创崭新局面。破解相关体制性障碍、结构性矛盾和政策性问题。三是传承红色基因，汇聚强军力量。如广泛开展宣讲活动，推动实施红色基因传承工程，组织“爱我国防”大学生演讲比赛等。四是组织军营开放，激发爱军热情。五是突出领导干部，完善培训体系。六是抓住祖国未来，厚植家国情怀。青年兴则国家兴，青年强则国家强。国家不仅要大力加强学校国防教育，还要丰富青少年国防教育实践活动，大力培养和践行社会主义核心价值观，军地共建共育。七是夯实基本建设，提供有力支撑。

天戴其苍，地履其黄；纵有千古，横有八荒；前途似海，来日方长。习近平总书记曾对国防动员建设作出具有深刻历史意蕴和深远战略考量的重要指示：“要加强国防教育，深化国防动员和后备力量改革，大力实施军民融合发展的战略。”这是来自历史的启示，这是面向未来的宣言，我们势必遵循习主席的指示，为实现中国梦强军梦凝聚强大力量。中华民族的伟大复兴指日可待！

（本文作者为湘潭大学商学院2018级会计学2班本科生）

生如夏花

张钰涓

“即使把我关在一个果壳之中，我也会把自己当作一个拥有无限空间的宇宙间的君王。”大学的军训如期而至，和许多矮小瘦弱的女孩一样，我对军训有着莫名的恐惧。但是，尽管我有着瘦小的身躯，但心中却有着时刻爆发的“洪荒之力”。恰生如夏花之绚烂的青春时节，用坚毅换来全新的自我。

哪个操场上有着“小绿人”，哪个操场就显得活泼和快乐，那是“八一新军”的青春朝气烘托出来的。我记得第一次穿上如此齐全的军装时内心的小雀跃；记得身穿军装可以随心所欲席地而坐；记得加训夜晚身穿军装与同志们躺在略有凉意的塑胶地上仰望星空……这一切是如此美好与诗意，游走在诗情画意与满腔军魂热血之中，是我感到从未有过的兴奋。无论是烈日，或是阴天，甚或是倾盆大雨，它们也无法消却我们新军的热情如火。恰好青春年华，我们用汗水与坚持，疾力书写着生如夏花之绚烂的年华。

总有评论评说着，军训是对女孩子的巨大伤害。诚然，军训对于身体孱弱的孩子来说是一种极限挑战，对于爱美的女孩而言是史无前例的打击。但是，我在女教官身上看到的是另一种异于柔态美人的刚柔之美。她们也是焕发着青春朝气的美少女，亦是能文能武的才女。她们以身作则，为我们树立着优秀榜样。她们自始至终与我们同在，受罚时与我们同甘共苦。不经意间，她们在我内心平静的湖面上拨起一圈圈涟漪。看到她们坐在地上午休，我的心被揪起来了。难以忘怀那一份坚持，军姿站立之时，时间仿佛静止一般，短短二十分钟宛如度过一个世纪的漫长。双手已经忍不住发抖，眼眶中也已有雾气，而她们不断提醒着我们身体前倾。渐渐地，我已经不是那个轻易说放弃，选择去“伤病连”的人，而是选择留下来。“美人当以玉为骨，雪为肤，芙蓉为面，杨柳为姿，更以坚毅为心!”所有参加军训的女孩都是这样的美人。

在这个年龄什么都值得记忆，无论哪一个季节走来都是难忘的花期，在这个年龄生长很多幻想，也生长很多忧郁、渴望，像一株健硕的昙花，一朵朵醒来又一朵朵睡去，在这个年龄要哭你就尽情地哭，要笑你就尽情地笑，不必太含蓄。看似漫长的十五天，眨眼之间转瞬即逝。可我依然感到自豪与骄傲。我自豪，因为“拼搏到感动自己”尽力突破自己的极限，克服怯弱，在众人面前展示自我，在嘻嘻哈哈的欢闹中收获珍贵的友谊。我骄傲，因为我看到方阵里战友们整齐的步伐，看见空气中飞扬的黄土，听见如雷贯耳的“杀”声。最美好的芳华，留下我们最珍贵的记忆。

生如夏花之绚烂，大学军训是人生中光辉的一笔。半个月的时间，我变成另一个我。忆往昔，大学生服役，让人深感敬佩。今有北大才女宋玺从文艺青年蜕变成亚丁湾护航唯一女陆战队员；也有放弃踏入清华北大校门，决然加入部队的热血少年；也有驻守在祖国边疆的青年战士。若说“喜欢是得到，爱是付出”，那军人对祖国的爱是一种毫无保留、无怨无悔的付出。因此，我们应该跳出自己狭窄的圈子，更多挑战自己，身体力行传承红色精神，为他人，为社会，为国家付出。

此刻的我们是早晨八九点钟的太阳，人的一生应该是发光发热，无论艰难困苦，也要走好一代人的长征路。未来如云上骄阳，必不负芳华时代。无问西东，一腔热血行天涯。生如夏花之绚烂，拳拳赤子之心，报效祖国。

（本文作者为湘潭大学商学院2018级电子商务1班本科生）

哨声起，立正停

江小雨

距军训结束之日已去六七日，不远不近，没有最初分别的失落不舍，也没有完全遗忘的那种不痛不痒。恰好可以不咸不淡地回忆起那八九日。故写此文以追忆军训时光。既以怀景，又以忆人。

——二〇一八年十月十四日

一初见，风姿飒爽

黑夜给了你黑色的眼睛，你却用它寻找光明。初遇在尘土飞扬的第二田径场。夜空漆黑如新，小小的人儿也与黑夜融成了一片，三十双清澈的眼眸，按捺住渴盼的心，紧张地等待着她或者他的到来。一分又一秒，一个辅导员又一个教官从我们身边走过，一句教官好又一句教官您辛苦了，此起彼伏。第二田径场，满是洋溢着年轻而兴奋的声音。

不知过了多久，始终不见我们熟悉的辅导员。依然渴盼着，期待着，数十双炽热的眼神紧紧地盯着逸夫楼，似乎只要一直盯着看，教官便会立马出现。“教官好！教官您辛苦了！”越来越响亮。

“一、二。”“教官好！教官您辛苦了！”终于还是到了，大家立刻打起精神，迎接期盼已久的人。同学们也都明显松了一口气。您，就这样出现在了我们的面前。没有伟岸的身躯，不似电视中部队里的那些教官的挺拔。您，就以娇小的身躯，挺直地站在我们的前方。一敬礼，自然形成一股逼人气场，不输铮铮男儿。

军气正，军纪明。您为我们讲解军训的基本知识，您为我们讲解军训期间的注意事项，您从整顿我们的军容风貌开始接近我们，我们的军训之程也便正式拉开帷幕。“你，动什么动，打报告了吗？十个俯卧撑！”声音很大，似乎带着一丝怒气地对某个倒霉孩子吼道。倒霉蛋自然躲不过了，乖乖地出来了。我当时心里默默比划着，才刚见面就这么凶，以后还是乖一点，千万别惹到你，不然遭不住。后来没过多久就发现自己错了。您的怒意，您的凶气只是为了掩盖您的本真，面对一群不熟悉的比自己小不了多少的孩子们或者说是学弟学妹们，您得首先从气势上压倒众人，否则今后的十来天不知道会怎样。就这样，您用娇小却不服输的姿态走近了我们，我们来了一场为期十五天的邂逅。

二相处，新认知

“哔……”一声长哨横空掠过，“军姿调整！”五营营长低沉而有力却故意拖长的号令响彻一田。少年们严阵以待，开始了漫长而煎熬的站军姿时间。您来到了我们身边，一个一个地纠正我们的姿势。“上体正直，微向前倾。两肩要平，稍向后张……”“手要夹紧，下次再松了我给你拿副营长的树叶片夹……”“副营长有个魔鬼训练营，不对，是飞虎队……”您一边念着军姿要领一边纠动作，声音很小，但听得十分清晰。军姿时间确实漫长无聊，记不清有多少次我昏昏欲睡，差点栽倒了。您在队伍里不停地走来走去，背军姿要领，抽背我们要朗诵的诗，和我们玩数字爆炸，给我们讲副营长的事迹……您和其他的教官不一样。您用自己温和的方式让我们挨过了一个又一个的军姿。后来，每到军姿时间时总期待你的游戏，终于开始了，快点儿，快点儿到我，心里有点小雀跃，虽然为我停留的不过是几秒，便已足矣。

一年的训练还是改变了您。当初进入校园的那个小女孩不见了，换而之满身正气。学生军训教官模拟营锻炼了您的体能，磨炼了您的意志，成就了您的刚毅。两个人迟到，两个人因为军容被拉了出去，一个人忘记戴帽子……“蹲十分钟吧，之前就说了，一人犯错，全班受罚，我也会陪你们一起的。蹲下!”语音未落就已蹲下，身体正直，两眼目视前方。连续几天都是这样，总有人迟到或者是乱动，您，我们一起受罚。您的心里必定是比我们还难受的，话中尽是无奈，只有用最简单粗暴的方式提醒着我们。我们也终究还是改变了。“撑不住了你就哭啊，你哭了我就让你停下。一人犯错全班受罚，你们有没有什么埋怨的?”如你所言，蹲下的确是军训“酷刑”。每次犯错蹲下或俯卧撑时你都会说这样的话。庆幸的是，没有一个人哭。即使坚持不住了还是咬牙坚持。你不是为了惩罚我们，是为了教会我们何为纪律意识，教会我们何为共同担当。明明是一个弱小的女孩子，因为我们，而无可奈何地假扮着很凶的样子，镇住一群比自己小不了多少的孩子。

曾听说过一句话：我喜欢你笑的样子，还有你的名字。这里，我喜欢您笑的样子，也喜欢您的名字。虽然您的名字不符合您的性子。“静”，给人一种安静的形象，而您，在我们心里却一直是一个顽皮孩子的样子。回想自己当时对您的惧意，只怪自己不去深思，只是单纯地被外界传言所蒙蔽。“哔……”哨声一阵长鸣，“准备休息……”“休息……”所有人停止了训练保持立正姿势。你有时很期待，有时又嘟囔时间怎么这么快，又休息了，然后又抛开这些乱七八糟的思绪，很开心地说我们去找测绘1班的吧！一群人就浩浩荡荡地前行了。两个班相对而坐。“有没有谁要表演节目的？有糖吃，我的高级润喉糖……”熟悉的笑容再次浮现。而后少年们或是教官们你一字我一句地唱歌，不亦乐乎。欢笑总是来也匆匆，去也匆匆，快得让人疑惑是否有过。

三别离，勿相忘

“长亭外，古道边，芳草碧连天。晚风拂柳笛声残……”一曲终毕，曲终人散泪潸然。年轻的声音穿过第一田径场，歌声混杂着幽咽声，难以忘怀。从今以后，再无人在你站军姿时，看见你不舒服立马着急地扶着你，尽管你只是为了偷懒故意为之，心中是否会愧疚？从此以后，再无人问你要不要吃糖，她的高级糖，高级润喉糖……她一脸心疼和珍惜，却还是给了你。从那以后，再无人会因为你犯错而自己一起受罚，一起蹲下十来分钟，咬牙坚持也决不服输……

送君千里终有一别，一聚之后，还是分别了。所幸甚好，时光定格在了剪影上，我们至少不会忘得太快。

“哔……”哨声响彻了第一田径场，“解散……”“杀……”口号声贯穿了第一田径场。

（本文作者为湘潭大学土木工程与力学学院2018级测绘工程2班本科生）

军训·锦书

王钰瑶

吾儿亲启：

明天将是你军训的开端，这是你大学生涯必不可少的经历，希望你能带着饱满的热情去拥抱一段新的人生征程，相信在红色的湘大校园军训后的你定会更懂得成熟的含义。

大胆地向上飞吧！

你的父亲

9 月 21 日

亲爱的父亲：

展信安。

循着传承红色基因、担当强国重任的理念，我参加了这几日的军训。儿时的军训，更像是一场游戏；少年时的军训，只不过是一种锻炼；大学的军训截然不同，性质也得以升华。

万事开头最为难，孩儿总因不习惯于军队的规章制度而惹出事端，但确也因此更加体会到了国防的严谨与郑重。我们的安全就是从这声声报告里开始的啊！我们并未处在和平的年代，只是因为有了许许多多每天受训的军人才得以享受和平的生活。每当踏着初升的太阳早训，披着满目星光回寝，都会不禁想到我尚仅十余天，却有一群可爱的人日日如此负重前行。我想这拥军理念便是军训给我上的第一课吧。

祝

安好！

你的孩子

9 月 24 日

吾儿亲启：

从你所言可知你近日确实收获不少，为父千言万语的唠叨比不上让你去切身感受一次。

正如你所言，强军强国是民安的保障，为父虽不求你能提枪上战场，但你要铭记有这样一群英雄值得你去尊重！

再接再厉！

你的父亲

9 月 25 日

亲爱的父亲：

展信安。

近日令我感触最深的当属思想教育了。我们沐浴在阳光下，阅读教官为我们准备的资料。我却由资料介绍中惊觉，在这片广袤富饶的国土上，有着全然不同的人群。面对国旗，有用心守护的护卫队，也有少部分不屑一顾的国人；面对祖国，亦有豁出性命保卫的守护者，也有拼命诋毁的败类。

于我而言，每当我看到正能量的信息，总会感觉身上有一股热血在流动，有一种精神在体内激荡，有一种活力在内心萌发。孩儿不敢说自己有多大的家国情怀，但是像您教育的那样，我始终会是爱国的人。

无论何时何地，我骄傲，我是中国人。

祝

安好！

你的孩子

9 月 28 日

吾儿亲启：

没有国哪有家，没有家哪有你我。

与你共勉。

你的父亲

9 月 29 日

亲爱的父亲：

展信安。

在训练量逐步增大，日光渐强的这几日，训练场如同一个巨大的蒸笼，令其中或站军姿或踢正步的我们汗如雨下。离开了你们的羽翼，曝晒在烈日酷暑下，皮肤渐黑，心里虽有无法言喻的酸甜苦辣，但这何尝不是一种快乐，一种更好地朝人生目标前进的勇气，一份完善自我的信心呢？往日皆在你们的羽翼之下，但这次是一次绝佳的磨炼意志的体验，更是战胜自我的良机。

齐步、正步、踏步，被无数次强调的“排面”意识像在无声地提醒着我集体团结的重要性。一枝独秀远比不上万紫千红的震撼。

你曾问我军训累吗？诚然，累无法避免，但我更加想感慨的是这份“累”对成长的推动力。“纸上得来终觉浅，绝知此事要躬行。”意志的磨炼，体质的提升，纪律意识的提高，作息的规律……这些品质都是令我欣喜的收获。累在身，乐在心。

祝

安好！

你的孩子

10 月 3 日

吾儿亲启：

“天将降大任于斯人也，必先苦其心志，劳其筋苦，饿其体肤。”

期盼看到军训历练后更加自制、自爱、自理和自强的你！

你的父亲

10 月 4 日

亲爱的父亲：

展信安。

转眼间，短暂的半月已经过去，今天已是军训的最后一日。初忆半月时光仿佛是一张白纸，可再忆起身着迷彩的每一天，却又百感交集。

随着最后一次分列式走完，表彰大会的结束也意味着我们的军训落下帷幕。

听则恐惧，过则充实，去则不舍，忆则美好。这便是军训最真实的写照。

从起初站军姿时的苦苦挣扎，到如今面不改色；从起初训练时的些许肢体不协调，到如今行云流水。我想我已经能用实际情况来最终回应你期望的“成熟”了。

成熟是学会了在生活上培养艰苦奋斗、刻苦耐劳的坚强毅力、组织纪律性和集体主义精神。

成熟是学会了在学习上养成良好的学风，掌握基本军事知识和技能，为中华之崛起而读书。

成熟是学会了在心理上以平常心面对困难与挫折，坚忍不拔，勇于搏击挑战。

成熟更是学会了要拥军爱国，将国防观念铭记于心，发扬革命英雄主义精神。

军训还收获了美妙的友谊，有相互鼓励扶持度过军训的战友，有无微不至陪伴我们的辅导员，有严厉却又温柔引导我们的教官，点点滴滴汇聚的都是这段最美好的时光。

即使是第一次离你这样远地求学，军训的紧迫也已将这初到不久的不适消散。

我想这段时光会随时间流逝沉入我生命的最深处。

你的孩子，长大了。

祝

安好！

你的孩子

10 月 6 日

吾儿亲启：

很欣慰你能在军训的短短时光里收获成长。

经历的苦难终会成为财富，共过患难的人会成为真心伙伴，用心感受过的祖国是你一生的庇护。

有言道，少年强则国强，望成长的你在之后的征程中能够更加无惧风浪，前方的海阔天空都是你的舞台，大步向前，我会永远在你的身后。

你的父亲

10 月 6 日

（本文作者为湘潭大学化学学院 2018 级化学 2 班本科生）

第二篇

前事不忘，后事之师

“难忘当年寇火凶，神州被迫共操弓。”曾经的战火，如今的和平；曾经的屈辱历史，如今的大国风范；曾经的抛头颅、洒热血，如今的助他国、求共赢……历史从来不是难以启齿的羞耻，而是引以为戒的教训，也正是前辈的无数牺牲才铸就了如今的盛世繁华，描绘出未来的宏伟蓝图。

我们，挺起脊梁

——纪念中国人民抗日战争暨世界反法西斯战争胜利70周年

余　洁

韶山苍苍，湘水茫茫。南岳驻足，蔚然大观。我从江南水乡烟雨之地来到这片红色革命的土壤，来到这伟人的故乡。一入湘大，站在毛主席铜像前，我们新一代的华夏儿女，眼神深邃而雪亮。三拱门下，轻轻回荡的是我们坚定的抱负和理想。风流人物碑下，是我们年轻的臂膀和挺起的脊梁。是的，我们，挺起脊梁。

鲁迅先生曾经说过："我们自古以来，就有埋头苦干的人，有拼命硬干的人，有为民请命的人，有舍身求法的人。"他们是中国的脊梁。一切探索救国救民的先辈们是中国的脊梁，伟大的抗战英雄是中国的脊梁，而我们，必将成为新时期复兴中华民族的脊梁！站出来，为了中国的新生！

"万里长征，辞却了五朝宫阙，暂驻足衡山湘水，又成离别。绝徼移栽桢干质，九州遍洒黎元血。尽笳吹，弦诵在山城，情弥切。千秋耻，终当雪。中兴业，须人杰。便一成三户，壮怀难折。多难殷忧新国运，动心忍性希前哲。待驱除仇寇，复神京，还燕碣。”在抗战时期紧急转移而在昆明仓促成立的西南联大的校歌依旧鲜活有力地回荡在耳畔。80 多年前，在日本军国主义的铁蹄践踏之下，熊熊烈火燎我华夏广袤之地，原本在象牙塔中穷经皓首的知识分子们顶天立地，不卑不亢，正是因为他们挺起来了脊梁骨。他们违千夫之诺诺，作一士之谔谔，抛头颅，洒热血，面对帝国主义的凌辱，宁遭凌迟，也不折腰。抗战烽火中诞生的西南联合大学，只存在了短短 9 年，却诞生了大批大师名家。国难当头，大批学子戎马沙场，以鲜血践行“刚毅坚卓”的校训，成为抗战史上一座丰碑。更有大批学子以笔代枪，踏上铁血报国之路。在滇缅战场，有大量美军盟友，翻译至关重要。西南联大的学子们承担了翻译这项重要任务。“没有足够的兵器，且拿我们的鲜血去；没有热情的安慰，且拿我们的热血去；热血，是我们唯一的剩余……自由的大地是该用血来灌溉的。你，我，谁都不曾忘记。”他们是青年知识分子，也是和我们一样朝气蓬勃的大学生，他们书剑相逢、剑胆琴心，上马杀贼，下马写诗。他们用他们年轻的脊梁骨向世界证明了，华夏文明是不会毁于屠刀之下的！

大学开学的第一课军训虽然姗姗来迟，但丝毫没有减弱我们的如火热情。站军姿汗水一滴一滴滑落时，被太阳直射地快睁不开眼时，呐喊着嘹亮且响彻云空的口号时，整齐划一地敬礼时，踢正步到脚抽筋全身麻木时，唱黄河颂吼到嗓子嘶哑时……我们没有退缩，我们没有怯懦，我们昂然挺立，不折脊梁，站成了一道绿色长河。我想起了所有为我们中华的独立崛起，探索着、痛苦着并奉献着的人们。“南国烽烟正十年，此头须向国门悬”，那是抗战时代的铿锵有力。但处在和平年代的我们，更加应该为了“挽紧和平的臂膀”而努力不懈。作为商学院朗诵军团的一员，当我喊完“庆祝中华民族抗战胜利70周年”口号之后进行敬礼时，心底油然升起的是满满的民族自豪感。少年立则国立，少年强则国强。因为我们挺起的脊梁不仅是我们自己的，更是中华民族的脊梁，是中国梦的脊梁！

从浴血搏杀的欧洲大陆，到逐岛争夺的太平洋战场；从同仇敌忾的亚洲主战场，到大漠硝烟的非洲前线……感天动地的反法西斯战争，把全世界正义的力量团结在一起，在最黑暗的岁月中坚守和平的希望。这也正是我们当代青年所要努力的方向。复兴中华民族的历史呼唤在古老版图上回荡不息，勿忘国耻，拥抱和平，我们年轻雄浑的声音使每颗灼热的心为之震撼，我们坚定有力的声音使每颗沸腾的心为之震颤。

朱启平先生在《落日——记日本签字投降的一幕》中描写日本宣布投降后，“我听见临近甲板上一个不到20岁满脸孩子气的水手，郑重其事地对他的同伴说：‘今天这一幕，我将来可以讲给孙子孙女听。’”是的，旧耻已湔雪，中国应新生。中国青年应当新生，挺起民族的脊梁，为中国梦的实现奋斗不止。

我辈儿女，挺起脊梁，必当光照寰宇，所向披靡。

（本文作者为湘潭大学商学院2015级工商管理2班本科生，现为中央财经大学在读硕士）

曾经真正的战争与今日不懈的准备

张心怡

大河奔腾，浩荡的洪流冲过历史翻卷的漩涡；高山巍峨，蜿蜒的山脉担当千年文化的传承。然而这无限风光，如画江山却因1931年日寇强行入侵我国东北，“七七事变”日本发动全面侵华战争后毁于战火的硝烟，中华民族惨遭蹂躏！

中华民族怎能就此屈服！天下兴亡，匹夫有责。吉鸿昌有诗：“恨不抗日死，留做今日羞。国破尚如此，我何惜此头。”这是先辈们的真实写照。纵然条件艰苦，纵然贫困落后，纵然阻力巨大，他们铁血壮志坚，用他们不屈的精神与法西斯黑暗势力抗争。

抗战艰苦卓绝，神州大地浴血重生。1945年的胜利，不仅仅是中国抗日战争的胜利，还是世界反法西斯战争胜利的重要组成部分，中国人民付出了巨大的牺牲。多少英雄儿女血染山巅，多少抗日英雄埋骨他乡，多少壮志豪杰骨露原野！我们的先辈不畏牺牲，奋勇向前，只因一个共同的理想，共同的信念，共同的追求——为了中国的独立，为了中华民族的自由。这伟大的目标让我们团结一致，坚持不懈。

2015 年是中国人民抗日战争暨世界反法西斯战争胜利 70 周年。今朝不同往昔，现代化的城市，信息化的设备，巨舰驰骋海洋，坦克碾压陆地，战机翱翔长空，核武器威慑宵小，但我们怎能忘记那落后就要挨打的教训？怎能忘记那同胞遇难的切肤之痛？怎能忘记先辈艰难困苦中不屈的奋斗。我们珍惜来之不易的富强，爱护期盼已久的和平，所以我们要时刻准备着。正如人民军队从不放松，身为大学生的我们亦是愿以充分的准备为祖国的和平富强贡献自己的力量。

自 1955 年新中国颁布了第一部《兵役法》，从法律上第一次作出了在大学生、高级中学学生中进行军事训练的规定。我的军训从小学便已开始，最初只是把军训单纯地看成是另一种形式的体育锻炼，但随着年龄的增长，我对军训的认识逐渐深入。在小学、初中，我们学会了端正军人姿态，保持严整军容，养成整齐划一、令行禁止，严格遵守纪律的习惯，培养迅速准确，协调一致的作风。一首歌中唱道："作风好，仗就打得好；作风不好，仗就打不好。"歌词虽然朴素，却道出了作风优良对人民军队的重要性。到了高中与大学，又加入了内务整理、学唱军歌等训练内容。除此，大学更是加入了国防教育课程，我们在不断地学习中增长眼界，开拓见识。

身着绿色军装，军帽端戴于头，脚穿深色袜子与解放军鞋，肩章、腰带一应俱全，最特别的是我们军帽上的"八一"图章，让我们感觉自己距离人民军队更近了一步，不禁对自己的要求更加严格。在挺拔的军姿中我们展开了一天又一天艰苦而又充实的训练，无论日晒雨淋，我们转体、立正、踏步、齐步、正步一丝不苟，我们保持上体正直，亦是保持着我们精神的不屈。

通过练习，我们健全了自己的品格，磨炼了自己的意志，学会了很多，其中一点便是坚忍。苏轼有云："古之立大事者，不惟有超世之才，亦必有坚韧不拔之志。"孟子亦曰："故天将降大任于斯人也，必先苦其心志，劳其筋骨，饿其体肤，空乏其身，行拂乱其所为，所以动心忍性，曾益其所不能。"的确，15 天的军训生活磨炼了我们的意志力，在觉得自己到了极限快要挺不过去的时候，我们学会了咬牙坚持，学会了不放弃、不抛弃。抗日战争中，我们正是凭借这种不怕苦不怕累的忍耐力，为 14 年激战的胜利奠定了坚实的基础。我学会的另一点是团结，"团结就是力量，这力量是铁，这力量是钢，比铁还硬比钢还强！"当日寇的铁蹄踏上我们的领土，只有各族人民团结起来一致对外，才能让我们取得抗战的最后胜利。除此，我还学会了守纪，严格的纪律要求让我们有完善的时间安排。"无规矩不成方圆"，唯有严守纪律，我们才能出色地完成目标。

军训期间，最令我印象深刻的是庄严的升国旗仪式，在我们整齐的歌声中五星红旗冉冉升起。不知为何，我感觉自己的举手注目礼仿佛穿越了时光，在那沧桑的年代里向着坚毅前行的先辈们致敬。本已经历过无数次升国旗仪式的心又开始复苏、沸腾！我由衷地为饱经风雨而屹立不倒的祖国而自豪。在训练结束后我们以饱满的热情，昂扬的精神状态接受了各方检阅，我们的改变在这一刻绽放精彩，用自己最完美的正步走过主席台，我们终将开辟一片属于自己的天地。

如今享受着和平与安宁的我们不能忘记抗战胜利的来之不

易，不能忘记家乡被侵占，人民被压迫的国耻。1932 年的通河县屠城惨案、1937 年的金山卫暴行，以及那惨绝人寰的南京大屠杀，我们的战士与无辜的小孩、妇女与老人被无情残暴地虐杀！历史种种是一个个深深的烙印，它们在中国 960 万平方公里的土地上释放着永恒，传承着记忆，我们的过去是一部值得铭记于心的血泪史。抗日战争的硝烟早已消散，但抗日战争中先辈们团结一致，坚持不懈的精神永存于我们心间，任时光流转岁月蹉跎，我们都缅怀于“一寸山河一寸血，一抔热土一抔魂”的悲壮，感念于“全民抗战复河山”的不屈。

梁启超有言：“红日初升，其道大光；河出伏流，一泻汪洋。”我们是“潜龙”、是“乳虎”、是“鹰隼”、是“奇花初胎”，我们前途似海，来日方长。将自己的军训所感、所悟结合日常生活，时刻提醒自己，激励自我，为未来的挑战做好充分的准备。任洪水猛兽迎面而来，我们仍能屹立不倒，傲然挺立，积极走在全面建设社会主义现代化国家的道路上。

（本文作者为湘潭大学机械工程学院 2015 级能源与动力工程 2 班本科生，现为河北工业大学在读硕士）

不会忘记

李同喜

人的记忆可以保存多少年?

这是一个值得探究的话题，要看人们如何记忆。

历史犹如威严的大山，久久伫立，彰显着他的沉稳；历史犹如绵延的江河，奔腾不绝，体现出他的活力。点一盏灯，我推开时间之门，沿着锈迹斑驳的墙角贪婪地嗅息着我们中华上下的五千年文明。我看到，有多少艺术文化璀璨光鲜，多少英雄豪杰万众仰慕；我闻到，又有多少雨雪风霜飘飘洒洒，多少高楼华筑毁灭消逝，多少淹没在历史神秘画卷中的人与物、是与非……我挖掘着，叹息着，小心翼翼地珍藏起一些，然后继续向前走去，怀着最深的虔诚与敬意。

2020 年无疑是会被载入史册的一年。

年初，当人们四处张灯结彩，都沉浸在迎贺新春的喜悦中时，新冠肺炎疫情却悄无声息地席卷了神州大地，用残忍冷酷的魔爪夺去了人们宝贵的生命。但在中国共产党的有序领导与各行各业人民的密切配合之下，经过几个月艰苦卓绝的抗疫，几个月来人民群众的坚守与忍耐，中国抗击疫情取得了阶段性的伟大成果，人民生活稳步恢复了正常秩序。是中国共产党，心系人民生命健康安全，解救人民于危难之中，是中国人民，坚韧勇敢，齐头并进，有着攻坚克难的毅力和决心。这份领导力与支持力，我们并不陌生，这份拼劲与闯劲，这份顽强的抗战精神、迎接挑战的精神，本就深深地流淌在我们的血液之中。

或许是一种莫名的情绪牵引，2020 年的国庆，我又来到了烈士公园，满揣肃穆与庄重。松柏环抱，满园绿荫，参观者很多，彼此却不约而同地保持着沉默，不同于别处景点的嘈杂喧闹。有行走在干净的石板地，一步一步迈上碑前阶梯的人；有驻足停留，久久地、安静地注视着眼前的纪念碑，不忍转移视线的人。我默默地出了神，眼眶也渐渐湿润了。

脑海里，反复播放着这些画面，一帧一帧，真切异常：

那是 70 多年前，曾经以物产丰饶自居的“天朝上国”的土地上，是战争后的满目疮痍。一阵炮弹爆炸的黑色烟火毫不休止地扫荡着大地，持续的枪林弹雨，机枪声、榴霰弹声、刺耳的尖叫声……然后沦为死寂，遍地是弹壳，遍地是尸体，是干涩的血海，没有一丝生气。房屋倒了，只剩残垣断壁，树木垮了，唯有废墟，偶有几只被灼伤的乌鸦发出凄凉哀怨的惨叫，小心翼翼、重心不稳地盘旋在污浊的、散发腐烂气味的半空，好像也怕了敌人的突然袭击。天空阴沉沉的，好久没有见到晴空万里了，残存的温度都被恐惧覆盖。日子每天都被战火黑烟熏染，或许，是老天爷都不忍看的人间惨象。

就在刚才，防空警报又发出撕心裂肺地惨叫了。我混在拥挤的人流之中，奋力涌进阴暗潮湿的防空地窖。在我的身旁，有一位趴在地上苟延残喘的老人家，顶着残缺的胳膊，像是几天没吃饭了；一对衣衫褴褛的母子，穿着破碎的棉鞋，母亲将还未成年的孩子紧紧地抱在怀中；一个蓬头垢面的年轻女孩，蜷缩在冰冷的墙角，瑟瑟发抖，面无血色，紧紧咬着发乌的嘴唇，呆滞的眼珠漫无目的、小心而畏惧地看着周围的一切……

我又悄悄来到抗战战士身旁，紧跟他们矫健的步伐。他们舞动着坚实的臂膀，用鹰一般的尖锐眼神敌视着侵略者丑恶的嘴脸，咬着牙，磕出血，张开嘴，发出雄狮一样的呐喊："冲啊！冲啊！"翻江倒海之势。许多战友倒下了，但与此同时，许多敌军也被我们击中，也倒下了一个、两个……更多个！"冲啊！冲啊！解救全中国！"……

来到开国大典上，熟悉的湘音响起："中华人民共和国中央人民政府今天成立了！"于是，礼炮打响了，一声声震耳欲聋，战机排好队列，一遍遍英勇翱翔，海军、陆军部队格外雄赳赳、气昂昂。由此，雄鸡挺立起来了，一个辉煌中国的崭新序幕拉开了，中华民族新时代的美好蓝图逐渐搭建起来了啊！牺牲的人民群众、敬爱的烈士们啊，你们，看到了吗……

2020 年不仅是抗日战争胜利 75 周年，也是中国人民志愿军抗美援朝出国作战 70 周年，那是刚刚出生的新中国的一股保家卫国的凛然正气，也印证了历史的步伐总是在起伏曲折中前进的。

前段时间偶然看到 89 岁的志愿军老战士涂伯毅的事迹，乍看老人照片之初，我着实被惊了一跳：烧毁的脸颊，不甚清晰的眼眶，残缺支吾的嘴，还有蜷曲变形的枯老的手指。"当时山坡烧得硝烟弥漫，树木、杂草都在燃烧，连石头都在燃烧，我在火海中也烧着了……”，1949 年参军入伍，当时只有 20 岁作为第一批入朝作战的涂伯毅老人如此有力地说：“虽然我的面容改变了，但是我的灵魂没有改变。”面对镜头，他举起蜷曲的手，敬起了一个标准的军礼。全身大面积的毁伤，且跟随一生，那是怎样的疼痛啊，这是怎样的血性！致敬为国浴血奋战的英雄，致敬捐躯的先烈！

我讨厌这夺命的战争，痛恨这戏耍人命的游戏，“6 万”的大同万人坑，“30 万”的南京大屠杀，这些不是记事本上简简单单的数字，“狼牙山五壮士”、吉鸿昌、杨靖宇，这些也不是教科书上普普通通的汉字，而是一张张消逝的鲜活笑脸，是一个个破碎的圆满家庭，是热情、充满希望的人生理想，是阖家团圆的梦，而这些就这样被残忍血腥的侵略者冰冷地扼杀了，耳不忍闻，惨绝人寰。

已经 70 多年了啊，70 多年过去了，新时代下的我们正在为建设中国特色社会主义、实现中华民族伟大复兴的中国梦而奋斗着。

如今，高楼大厦林立，航线交纵不息，武械装备整肃，科技日新月异。我惊叹和欣喜于翻天覆地的变化，也哀悼成就我们今天幸福生活的战士和人民群众。如果没有他们视死如归的壮志豪情，没有他们抗击敌寇的坚定决心，没有血与生命，何来安稳与和平？历史，我们不能忘记！

但即便是在今天，和平依然脆弱，我们只是存在于一个和平的国度，而不是一个和平的时代。每一天，世界各地，都还有数以千计的生命之花因战火纷乱而无辜凋谢，我们虽然处在和谐安定的整体大环境中，却仍有邪恶势力在暗中作祟，不能不引起我们的高度警惕。

要问人的记忆如何保存，答案是：时常忆起，并立即行动，付诸实践！

青春换得江山壮，碧血染将天地红！井冈山上的杜鹃又被染红了，长征路上的草地又生长了，小学生胸前殷红的红领巾在飘动，阳光下高扬的五星红旗在熠熠生辉。历史总是向前看的，但总免不了磕磕绊绊。我们要有绝对的民族自信心、自豪感，有“天下兴亡，匹夫有责”的历史责任感，接好先人之棒，把建设社会主义现代化强国当成我们一生的使命，以发展的眼光与批判性创新精神在各自的领域上发光发热，不辜负先人的付出，走好未来的路。与此同时，也要时常忆起先烈事迹，眼观八方，增强国防意识，严守国际防线，加强国防建设，发扬艰苦奋斗、顽强拼搏、英勇无畏的爱国主义精神，在新时代弘扬抗战精神，形成团结一心的精神纽带和自强不息的精神动力，牢记先人嘱托，珍惜这来之不易的成果，自觉履行维护国防安全和国家利益的义务，将与国家唇齿相依的情感转化为国家安全与发展的深层动力，继续谱写好民族正气之歌，为实现中华民族伟大复兴激发磅礴力量。

习近平总书记曾说：“一个有希望的民族不能没有英雄，一个有前途的国家不能没有先锋。包括抗战英雄在内的一切民族英雄，都是中华民族的脊梁，他们的事迹和精神都是激励我们前行的强大力量。”在此次新冠肺炎疫情中，涌现出无数的抗疫英雄事迹，这便是新时代爱国主义精神与抗战精神的伟大实践！

英雄已逝，精神永存，我们必须时刻铭记。英雄这盏明灯常照，指引我们不懈追求、不断前进，只要我们坚定不移坚守中国共产党的领导，坚定不移跟党走，坚持走中国特色社会主义道路，自强不息、奋斗不止，那么任何艰难险阻都不会成为我们社会主义现代化建设路上的绊脚石，不会阻挡美丽和谐的中国梦的伟大实现！

改革和发展，正裹挟在历史长河之中，滚滚而来，生生不息。

（本文作者为湘潭大学文学与新闻学院2018级汉语言文学1班本科生）

忆·感

——纪念红军长征胜利80周年

欧阳文景

忆往昔烟云如散
感今时精魂犹存
尤难忘，将红旗高唱，生命华章
处处丰碑，英雄回首，无悔人生短亦长
冰山雪岭
你们风雨同舟
共甘苦
枪林弹雨
你们百折不挠
谱史诗
沼泽绵绵
你们携手前行
斗志强
草鞋沙沙

你们卧薪尝胆
意志刚

二万五千里的漫漫长路上
留下几多英雄旧事
风雪交加
突围英飒
壮士豪情，铸丰碑
秋风里
看子孙代代
正沐阳光

哨声阵阵，军中绿花齐踏正
浩气比天，千军势如潮
句句歌声，道出青春好儿郎
似诉说着
曾经年月军情最真
战友清风别
我泪心中咽
秋风起，泪眼盈盈
拂不去
魂系缭绕的深情怀念
激昂的号声散去
并肩的日子远逝
但留下了

最真的战友情和最美的祝福

但愿天下和，秋灿万山红

忆往昔长征岁月之泣血

感今日儿郎青春之风姿

愿吾中华儿女，再启长征旅，重留千秋史！

（本文作者为湘潭大学文学与新闻学院2016级汉语言文学4班本科生）

荣耀

——70 华诞礼赞

曲　燕

1949：宣言

情深咐嘱，众望所归，
聚沙为塔，九州和同。
陷阵冲锋，义无反顾，
任重路远，昂首挺胸。
国歌启奏，红绸升天，
一言万里，众掌齐鸣。

1964：天雷

星火一点，惊悚莫名，
倾心献智，吾往以成。
夙夜无间，国之所寄，
危窘不弃，割舍柔情。

沙里乾坤，柳暗花明，
地动天摇，虎啸龙吟。

1986：夺冠

戎装威武，豪气峥嵘，
妙手飞球，巾帼英雄。
同胞雀跃，华夏沸腾，
海外赞叹，举世闻名。

1997：归来

捍守正义，寸步不让，
国威庄严，分秒必争。
解缚归乡，明珠耀世，
游龙入海，浩浩前程。

2003：凌霄

云海神舟，逐梦先锋，
直踏银河，夸父之勇。
白昼流星，遥寄夙心，
光年骥后，龙马深空。

2015：热血

降龙战士，誓死力争，
虎胆英雄，歃血请缨。

强军护国，精兵苍穹，
飒爽英姿，击鼓旗鸣。
威震八方，鹰击长空，
点兵沙场，万丈豪情。

2019：辉煌

雄鸡郁勃，卧虎长虹，
固本强基，新潮浪涌。
不忘初心，牢记使命，
百川海纳，大道共赢。
山青水绿，筑梦前行，
民强国富，盛世太平。

（指导老师：任传印）

（本文作者为湘潭大学商学院2019级应用经济学硕士研究生）

秋日为先烈歌

李　航

丙申年秋，吾幸入湘大。自军训后，秋意渐浓，尽显萧索。恰逢红军长征胜利八十周年，思慕先人，有所感，遂作此长句，自命曰《秋日为先烈歌》。

西风起，锐如剑，破纸牕而东去，卷悠悠思绪。仰万里山河，举世无双；顾泱泱华夏，盛世汉唐。书生论炎黄，千古奇秀惊天人。侠武语神州，万里荒野动危旌。天地万古，薪火长传，诵礼义经籍，沐仁爱清风。

空遗恨！自奉天事变，倭人犯边，国无全疆！奸佞乱法，谁振国纲？幸兵起湘赣，转战万里，存得星火燎原强。路茫茫，黄沙扬，却含涕泪辞井冈。两万里，道不尽，满腔热血悲凉。风卷赤旗人亡，好男儿竟埋骨荒岗。却飞夺泸定，强袭天险，大渡桥横，岂成翼王？乌蒙磅礴，赤水滔滔，草原雪岭尽沙场。

烽烟北去随风走，血色残阳里，凭栏风正吼。八十年鸿鹄志，两万里荆棘路，留得英魂永铸。且看今日青衿弱冠，指点江山意气壮。湘江岸头，画眉潭畔，声冲九霄斗志昂。沐潇歇秋雨，迎猎猎朔风，学子豪情，意气风发。何人扬威？何人壮志？舍我辈书生，复有何人？

（本文作者为湘潭大学碧泉书院·哲学与历史文化学院2016级国际事务与国际关系1班本科生，现为外交学院在读硕士）

第三篇

红星照耀，初心不改

“天地英雄气，千秋尚凛然。”英雄的故事广为流传，英雄的精神为人铭记。我们对于英雄的定义并不唯一，两万五千里长征路，冲锋陷阵的战场，杳无人烟的大草地，陈列在博物馆的枪械勋章，屹立不倒的冰雕战士……这些都留存着英雄的影子。英雄在我们的记忆里，通过描写、刻画、感受、讲述，深沉的力量不断迸发，中华民族精神的意义更为深刻。我们崇尚，我们追随，我们深深感悟每一位英雄都深藏于心的家国情怀……

红星

徐媛媛

张爷爷是老红军，走过两万五千里长征，扛枪上过抗日战场，“扔手榴弹跟扔石子似的”。张爷爷在社区十分受人尊敬，谁见到都会问候一声：“您老好啊！吃了没？”那是因为张爷爷为人热心，极重信誉，处事又公道，谁家有了矛盾自己解决不了，最后都归于一句：“去找张大爷评说去！”

二十世纪八九十年代，课外辅导、兴趣班什么的还没兴起，半大不大的孩子们聚在一起能闹翻天。附近谁家父母忙，孩子无人看管时就统统往张爷爷家送。院子的杏树下支一张小木桌，零食散放着，老人小孩围着坐。张爷爷端一把旧茶壶，讲西游记，孙悟空大闹天宫，气得玉帝胡子翘；讲三国，诸葛亮料事如神，张飞喝一声吓得孩子不敢哭；但讲得最多的还是长征故事，巧渡金沙江、飞夺泸定桥、爬雪山、过草地……孩子们睁大了眼，听入了神，连零食都忘了拿。

孙子振华从小听着爷爷的故事长大，最是耳熟能详。振华曾看见过爷爷的衣箱里放着一顶八角帽，上面的红星都有些显旧了。问起时，才知道背后还有个悲伤的故事。

那是几十年前的事了。那时张爷爷还没老，人们喊他“小张先生”。小张上过几年学，认得字做得文章，只是国家动荡，少年一腔热血不甘囿于书斋，弃笔从戎参了军。一身灰蓝军装干练挺拔，八角帽上的红五星醒目鲜艳，挺像那么回事。但和其他人一比，小张的小身板儿总透着股书生气，大家总笑他，比他大的小的都“小张、小张”地喊。

部队里识字的不多，不久后，小张一个人几乎把一个排的家书都包了。这个说：“小张，我大（父亲）托人写了封信，你给我念念呗?”那个说：“小张，俺想给俺媳妇儿说几句话，你帮俺写下来可好哇?”

曾排长认字也不多，给家人寄封信都是连写带画才把意思讲明白，直到小张来了后才寄回去一封像样的信。曾排长家贫，自己没读过书，却很尊重读书人，不让大家喊“小张”了，都必须称呼“先生”。于是，“小张先生”就这么传开了。

不久，一次规模宏大的战略转移——红军长征开始了，小张亦在其中。敌人围追堵截、曲折山路、恶劣气候、缺衣少食、医药不足……无数的危险与艰难像幽灵一样时刻笼罩在队伍上空，时不时冲下来夺走一批人的生命。很多人倒下来了，再也没有起来，但更多的人还在前进。挺进湘西，改向贵州，渡过乌江，夺取遵义，四渡赤水河，巧渡金沙江，强渡大渡河，飞夺泸定桥，翻雪山，过草地，到达陕北吴起镇……多年后，史书用寥寥数语记录了这一残酷而伟大的历程。

过草地时，曾排长牺牲了。草地天气，一日三变，温差极大，白天烈日炎炎，晚上却冰冷刺骨。带的棉衣怎么够几万人用？曾排长把自己的棉衣让给了瘦弱的小张。草地风一阵雨一阵，曾排长未好全的枪伤复发后被感染。因为缺少医生和药品，高烧不退的曾排长得不到治疗。

小张觉得是自己害了曾排长，后悔得恨不得代他死去。曾排长却对小张说："我的帽子里还缝着几枚银元，你留一块，剩下的给我老母寄回去吧，你若是方便，代我照顾照顾，她儿子尽不了孝了。"

幸存下来的小张把银元都寄给了老人，独独把帽子留下了。之后，小张参加抗日战争、解放战争，新中国成立后又回乡工作，几经辗转周折，"小张"变成了"老张"，又变成了"张爷爷"，这顶帽子却一直在身边，张爷爷也从未停止过对曾家的接济。

振华后来上大学，新生军训时，学校请了参加过长征的老红军作报告。那天下着朦胧雾雨，老红军却坚持不坐，不打雨伞。军训场上鸦雀无声，只有老红军苍老的声音透过扩音器传开："孩子们呐，你们真是幸福的一代人啊！爷爷当年长征……"老红军讲起了长征中的故事。

振华发现这些故事是如此熟悉而相似，振华想，国家危难动荡之时，祖辈们的心中或许都是有过梦的，有的梦大，家国天下，海晏河清；有的梦小，一家老少，平安美满。想着想着，振华哭了。

生老病死，人之常情。振华大学没毕业，张爷爷就病倒了。临终前，张爷爷发话：葬礼一切从简，只有一条，墓碑上要刻上一个红星。

立碑那天下着小雨，烟雨朦胧中，一枚红星闪闪发光。

时光荏苒，振华大学毕业，参加工作，娶妻生子。女儿前不久也上大学了，军训期间和振华视频聊天，屏幕里的小姑娘嘟囔着嘴："爸爸，你看，你看，皮肤都晒黑了好多哦，教官们好严格，动不动罚站军姿。"

振华觉得好笑，想起了从前，沉默了一会说："晓梦，你听说过我爷爷，你曾爷爷的故事吗……"听完后，小姑娘再也不抱怨了。

后来，振华带着晓梦去张爷爷的墓祭拜。下山时，振华回头看了一眼，眼泪突然涌了出来。多年过去了，那墓碑上的红五星还是那样鲜艳明亮！

（本文作者为湘潭大学文学与新闻学院2014级新闻学1班本科生，现工作单位为湖南城市记忆文化有限公司）

追随

颜仁敏

追随——
我要追随你的脚步
在大地上，我身着迷彩
静静地伫立着
而在我心中的那方三寸田园里
前行着一位位巨人
我，站在一旁凝望着你们的背影
内心的荒原上燃起一道火焰
我，我要去追随你们的脚步

千年皇宫的戏院里
一曲未完的腔调
纤细的眉笔勾画的半张脸谱
一朝镜破曲难终

故土沦陷了，清晰的家有些模糊
战士们用鲜血书写的胜利二字
尚未干涸，内乱又起
同根相生亦相残
为保火种，始长征

亘古不变的月光
洒在你们前行的背影上
四碎的马蹄，踏碎了千年积雪
泥泞的沼泽地，脚步斑驳
五岭逶迤，乌蒙磅礴
金沙水寒，马革裹尸
残阳如血，篝火旁笑谈今朝
我向前奔跑，想跟上你们的步伐
但留给我的，只有雪地里的火炭堆

你们是前行的巨人
柔软的草地里，埋下的骨与泪
是你对长征最壮丽的宣言
残缺的号角，破损的旗帜
沾满血污的砍刀
是你世代传承的意志
三军过境，回首这两万五千里
烽火燧上，春风绿过柳叶
盛衰荣辱，斑驳了你们的脸颊

天光里闪烁着五角星
我向前奔跑
隐隐看到你们正在前行
你从雪山草原上走来
在我的人生路里前进着
璀璨到极致的光辉里
有一行浸着汗渍的脚印
歪歪斜斜，凌乱无序
这是我在追赶你们的昭示

我，我要追随你的脚步
我遥望着你们
雪地里留下的一行行脚印
泥泞沼泽里的一个个深坑
草原上一排排浅浅积水的脚印
此去身为子弟兵，不惧身骨入黄沙
我翘首觐向，你伫立一方
我——我要去追随你们前进的步伐

（本文作者为湘潭大学物理与光电工程学院2016级微电子科学与工程1班本科生）

三代人的献礼

李　雪

他今年已经八十三岁了。

在别人的眼里，他就是一辈子都在黄土地里劳作的地道农民。而事实也是如此。活了这大半辈子，他的命运始终和土地紧密相连在一起，这是老一辈庄稼人一生都无法逃脱的命运的羁绊。如今的他家庭和睦，儿孙满堂，虽然家庭的条件还不是很富裕，但是吃饱穿暖已经不成问题了。

这对他来说，已经很满意了。

直到他那年八十大寿，我才从妈妈那里知道了这一段不为人知的往事。

“你外公曾经参过军。”妈妈一边布置碗筷一边跟我说道，“他现在这个腿脚的毛病就是在那个时候落下的，扛行李趟泥路的时候摔伤了，嘴硬说没事，死活不肯留下来休息，硬是强撑跟着部队走完那一段山路。”原来他还有这样的经历啊。

这种感觉，就像自己身边有一颗珍珠在岁月里被蒙上了尘，有一天忽然一阵风吹来，将落尘拂去，你才会发现：喔，原来我身边有一颗珍珠，我怎么一直都没有发现呢。从那以后，我就对他那段参军的经历有过种种的猜想和揣测，也曾经试图去找寻一些证件，但是很遗憾地无功而返。

“是啊，可惜那些证件当时没有好好保存下来，已经没有办法证明了。”妈妈说他那段参军岁月的唯一纪念就是留下的一双破草鞋。我小时候见过那双草鞋，就这么被他随意搁置在床底下，沾满泥泞，系带也已经不见了一边。

如今再回去寻找，恐怕也找不到了。

他不是一个多话的人，但每次他和老李见面，两个人总能够聊好久，久到我在田埂上玩够了捉鬼游戏回来之后还没有结束。

我不知道是不是自己太迟钝，还是从来没有留心过家里人的事情，当老李去世之后，我才知道原来他也曾经是一名军人。在这之前，竟然没有一个人和我说起过这件事。

那是我第一次看到老李的持枪证。照片已经有些模糊不清，但是依稀可以看到老李年轻时坚挺刚毅的面部轮廓，穿着笔挺的军装，英气逼人。持枪种类是钢珠枪。当时翻到这个持枪证的时候，我的内心油然而生一股自豪感，挡都挡不住。回头想想真是好奇怪啊，我自豪个什么劲，又不是属于我的持枪证，又不是我拿着钢珠枪去参加对越自卫反击战，又不是我拥有那一段难忘的军营生活。但是就是好骄傲好自豪啊，老李你真是好样的。拿着照片，这么看着看着眼泪就会掉下来。

老李，我在夸你呢，你怎么就不出来嘚瑟一番了呢？

“你看，这是你爸的奖状，还是部队评的优秀班长呢。”妈妈把一个本子递过来。

当年的大红本子早已经褪了色，里面的奖状也泛了黄，钢笔的字迹却仍旧清晰可见，一如他的音容笑貌清晰刻在我的脑海。

记得小时候我获得的奖状不计其数，每个学期都能够带一堆回来。老李比我还高兴，乐呵呵跑出门去买浆糊把这些奖状一张一张地全部贴在墙上，脸上是掩盖不住的自豪。如今这些奖状已经占据了满满的一墙，但是当我又带着奖状回来，再不会有人小心翼翼地接过去，然后一脸骄傲地找个最显眼的地方把它们贴起来了。

紧贴在奖状旁边的，是老李买回来的几张巨幅海报。那天他兴冲冲地跑回家，得意而又迫不及待地把手中的东西展示给我看。我一看，有毛主席的日出东方红版海报，还有两张巨幅的十大元帅和十大将军策马奔腾的海报。老李自作主张把它们张贴在客厅正中央，毛主席的海报贴在十大元帅和十大将军中间，这样看着还挺有模有样的。

妈妈见状，夸了老李几句，他便得意了好长一段时间。

到后来，老李每天就多了一件事做，那就是每天指着海报给我讲十大元帅和十大将军的故事。他告诉我彭德怀元帅是最厉害的一个元帅，毛主席还给他写了一首诗，我问他那首诗叫什么，他东拉西扯了半天没有说出来。要是现在老李还在，我就可以告诉他这首诗叫《六言诗·给彭德怀同志》：

山高路远坑深，大军纵横驰奔。

谁敢横刀立马？唯我彭大将军！

老李知道后一定十分高兴，要拿本子抄下来，并且还要让我每天都背一遍给他听的。

除了持枪证和那一本褪了色的获奖证书，我还第一次看到了老李在当年穿的军靴。高筒靴，深绿色，靴口处有一圈金黄色的浮雕装饰。靴子被妈妈保养得很好，白炽灯照着都能够反光。我想象着老李穿着这双靴子，在一群军人当中笔挺地站军姿，跟着队伍敬标准的军礼，潇洒地迈着步伐前进的样子。

那时候我忍不住想着，要是有一天，我也能够体验一把这种穿军装训练的感觉那该多好啊。最好是能让老李看看我像他一样潇洒，甚至能比他更潇洒更英气的样子。

那他一定会比我还要高兴，还要激动，还要自豪，回去也肯定会跟亲戚们到处宣扬呢。

我等到了穿迷彩服的这一天，但是老李却没能够看到。

我上了大学。在伟人故里，在韶峰湘水之间的红色大地上，就像冥冥之中有一股神秘的力量牵引着我来到这里，接受精神上和身体上的洗礼。

“正步走！”教官响亮浑厚的声音在第三田径场飞扬的黄土中穿透开来，“注意排面！”

整齐的步伐有力地落下，黄土受到惊扰扑腾而起，黄尘扑面而来，眼前的视线便模糊了。当黄沙隐去，眼前的事物逐渐清晰了起来，我仿佛看到了穿着草鞋在泥泞中艰难行进的外公，哪怕受伤了也不愿意拖累队伍，一脸倔强地往前行；也仿佛看到了一身军绿色打扮，面庞略显青涩但眼神却十分坚毅的爸爸，手里握着枪，英姿飒爽，跟着大部队一起奔赴前线。太阳很毒辣，第三田径场的草地仿佛已经被蒸熟，冒着热气，但是我却感觉到外公和爸爸一直跟我在一起，跟我一起接受这对身体和意志力的锻炼。

这一场军训，不应该只是短暂地留在我们的记忆里，不应该只是成为我们青春回忆里面的一个片段，而是应该要成为时刻提醒我们的警钟。当困难和挫折一股脑朝我们袭来时，老一辈军人们的精神一脉相承，我们军训时被磨炼过的意志力，都应该成为我们去克服这些困难和挫折的力量源泉。

此时此刻，我的内心充满着一种情绪，一种我自己也说不上来的感动和豪情。我想这不仅仅是身为外公的孙女和爸爸的女儿而感到感动，更是因为我们在祖国母亲的历史进程中，能够贡献自己的一份力量而感到自豪。

外公、爸爸和我，三代人的生活，三代人的见证，三代人的奋斗，我想这便是给中国工农红军长征胜利 80 周年的最好献礼了。

（本文作者为湘潭大学外国语学院 2014 级英语 4 班本科生）

落叶·五驻·忆先人

徐小炜

入秋时分的清晨。一棵不知名树上的一片摇摇欲坠的枯叶以一种平淡的姿态印入我的心里。

而说到我，则在前不久，因为一些私人的事情离开了学校，直至今天清晨才回来。

一驻

站在湘潭大学校门口，不知是我的心，还是空旷的校门，空荡荡的，总感觉少了什么。细细思索，终于想明白了，军训结束了。当时离校的时候，校门口、第一、二、三田径场、体育馆，等等，各处皆是穿着军服的大一新生。他们进行整齐的队列操演，稚嫩脸庞上书写着倔强的篇章，让人莫名的触动。而如今，新生们的军训已经结束了，不由得感慨，在湘大的三年多的时间里，从自己开始，到现在这一批的结束，我见证了整整四届军训。每年军训的人都在变，湘大的军训却一年接着一年，从来没有停过，我脑海浮现出一句话：铁打的营盘，流水的兵。

二驻

此刻，雾渐凝，叶子上的小水珠也慢慢地，慢慢地向中心汇聚。昂首，挺胸，迈入校门，迎面而来的是湘大的象征——毛主席的铜像，驻足，长望。我想，每一个中国人心中，对毛主席都怀着一种难以言喻的敬仰，而此次，面对毛主席的铜像，我的内心却是格外的悲戚。而悲戚的原因，则是因为之前离开学校十几天的那一件私事——送太爷爷的最后一程。

毛主席一直是我太爷爷心中的榜样，这似乎成了我家的一种传统。而从小，是太爷爷教会我，一个男人，要像毛主席一样，要有担当，有魄力，能吃苦，明是非，有责任心，还要学会感恩。在我的心目中，伛偻着身躯的太爷爷，却显得那么高大，他一直都是我的榜样。

三驻

不知不觉中，那些似千里万里奔来只求一见的小水珠们，也已汇聚成了一颗大大的露珠。

人渐渐地多了，大概是早读的时间到了，我来不及多想，继续往前走着。穿过三道拱门，那动人心弦的回音却又一次阻下了我的脚步。有一些恍惚的我，分不清耳中传来的究竟是自己此刻走路的脚步声，还是当年自己军训时候的踏步声。

思绪渐飞，仿佛回到 2013 年军训的那一幕幕场景，骄阳下，教官站在整齐的队列面前，大喊着：“立正、向右看齐、向前看、齐步走……”而动作不是那么协调的我，在队列中困难地完成教官给下的每一个指令。又或者，晌午时，挺胸抬头收腹，站着军姿，又要微眯着眼睛，好让汗水不会那么容易流进去。

太爷爷并没有当过兵，这似乎也成了他一生的遗憾，然而后辈子孙各有志向，也没有能完成他的心愿。而我，也许是因为受太爷爷的影响，从小对于当兵有一种特别的情怀，而难得的军训，让我感觉那时候的一切都记忆深刻，恍如昨日一般。

四驻

此时再看那片叶子，大大的露珠，以一种不可捉摸的速度，顺着枯黄的叶脉，缓缓地淌下。

醒醒神，继续走着，却是湘大的那一块碑石——“数风流人物，还看今朝”。这块已经看了不知道多少次的碑石，却在今天给了我震撼。算不上太过寒冷的风吹过，我想起了太爷爷以前的一些事情。那时候的他已经垂垂老矣，却在我去看他的时候，总用那皱巴巴的手，紧紧拽住我，说：“小炜啊，你小时候眼睛就近视了，当不了兵了，那我对你没有什么别的要求，就一个，长大了，回湖南看看。你知道嘛？太爷爷就是在湖南长大的，太爷爷在那里错过了太多的青春，心里总想着回去，可这把老骨头却再也折腾不动了……答应太爷爷，帮太爷爷回湖南看看。”

那年高考结束填报志愿，我把志愿偷偷地全改成了湖南的大学。我依旧清晰地记得，高考录取通知书下来以后，太爷爷笑得是那么开心，他大笔一挥，写下毛主席的名句——“数风流人物，还看今朝”，并郑重地送给了我。让我懊恼万分的是，这幅字却在大二的时候被粗心的我弄丢了……而就在这一刻，惊闻“啪嗒”一声，那片枯叶上，那大大的露珠再也承受不住地心引力，重重摔落在地上。而我却发现，自己的泪珠，也在不知何时，落了下去。

终点

我继续走着，终于拖着疲倦的身体，回到了宿舍。默默拿出太爷爷的照片，我心更痛几分。

“太爷爷，你小时候在湖南，都发生过什么事情啊?”

那天在病房，只有我和太爷爷两个人，我问出了心里一直存在的疑惑——太爷爷似乎对湖南一直有一种特殊的情怀，或者说难掩的遗憾。

“小炜啊，你相信这个世界上，会有人用自己的命去救别人的命吗?”

我在那一刻很想回答：“我相信。”但是这三个字却卡在我喉咙，怎么也出不来。我的沉默被太爷爷看在眼里，却不知太爷爷是一种什么样的感受。

良久，太爷爷打破了沉默：“我给你讲一个故事吧。那时候，我们家还是在蓝山县（永州市一个县）里一个小村庄扎的根。我依旧还记得那年，粮食的收成很差，我的父亲去世得早，家里全靠我母亲一个人撑起来，那时候啊，太爷爷都记不清多久没有吃一顿饱饭喽。有这么一天，太爷爷我就饿晕过去了，可把我母亲吓坏了，那时候，家家户户的粮食自己都不够吃，哪有多的肯给我母亲呢？我那可怜的母亲叫天天不应，叫地地不灵。说来也巧，有一个面黄肌瘦的青年，说是长征路上过路的红军，手里拿着一条并不大的鱼，说是问问村里谁家有干粮，想用鱼多换点干粮。问到我家的时候，看到我这样，犹豫了好久以后，竟把手里的鱼给了我母亲，说给我炖个鱼汤。可恨那时候你太爷爷已经晕倒不省人事，都没有见过这位红军同志，等我醒来的时候，他却已经走了。”

说到这里的时候，我太爷爷哽咽了……

“你知道吗，过了几天，邻居家一个人说起，前几天来我们村那个面黄肌瘦的红军小伙子，死在某某地方了，看样子是饿死的……”

说到这里，九十多岁的太爷爷，却像小孩子一样，止不住地往外淌着泪。我的心一阵阵地揪着，可从小有一点孤僻的我，在这个时候并不知道该说些什么，但是眼眶里盈盈有东西在闪动，却忍住不让那些泪水掉下来。

良久，良久……太爷爷终于止住了哭泣，怔怔地看着我，眼里仿佛看到了当年的自己。

“后来啊，你太爷爷我那时候，哭着喊着要去当兵，是我母亲，哭得像一个泪人一样，死活拽住了我，后来更是拿着一根绳子绑住了我的手和她的手，硬是不肯让我离开她身边半步，生怕我偷偷跑去当兵，直到红军的大部队走了，才肯放我……”

“真的，小炜，我真的这辈子都忘不了那一件事情，我一辈子都想和那个红军同志一样，去当一个为国为民的兵，我的命，是欠那位红军同志的啊！有时候，我真的想任性一回，背着我的母亲，偷偷去当兵，可是，我真的不能啊！我晕倒的时候，我虽然没有听到我的母亲细说。但是那时候，她的绝望，一定是刻骨铭心的……而当她知道那个救我的红军同志饿死了以后，我母亲，一定不会愿意再体验失去我一次的感觉……我一次又一次，一次又一次地抑制住了自己的念想……”

说到这里的时候，太爷爷用他皱巴巴的手深深捂住了自己的脸，似乎是不想我这个后辈看到他哭泣的样子，似乎是在表达对那个红军同志的感恩与惭愧，又似乎是表达对母亲深深的爱。而此时的我，听完太爷爷的讲述，泪水却有如滚落的珍珠一般，再也止不住……

在不久之后，太爷爷便走了，依旧带着淡淡的遗憾。走之前，他托我爸给了我一张纸条，上面只写着稀稀拉拉的六个字——做个有用的人。

风渐起，愈大。枯叶摇曳，也只是随风而落。

（本文作者为湘潭大学化学学院2013级应用化学1班本科生，现为绍兴市风祥网络科技有限公司创始人）

松手

倪少伟

（一）

我又从梦里醒来了，看来真的是老了，失眠已是常事，脑海里总会浮现一些让人难以入眠的事。实在是无聊，就披上了厚实的军大衣，戴上那条黑色围巾，想找个地方静静。

“醒醒！”

耳边传来了熟悉的声音，但我却记不起来这是谁。

“感觉好些吗，小智？”

小智？是在叫我吗。

“我……在哪？”

我下意识地想揉一下眼睛，却觉得生疼。模糊的意识也清晰起来。

“你忘了吗？这里是夹金山啊。”

夹金山吗，我为什么会在这里？头愈发胀痛，我能清晰地感觉到，鲜血还在沿着脸颊往下滴落。

（二）

睁开眼睛，天有些微亮，真没想到我坐在公园的座椅上睡着了，不过对于我这样没有家室的人来说，还真有点像个流浪汉啊。总觉得自己还有什么事没有做，却不知道该往哪儿走。

天已经有些黑了，已经不记得什么时候吃的干粮了。双脚就这样慢慢踱着，他们都说我失忆了，不记得自己是谁，也不记得为什么来到这里，但我知道，当耳边风在呼啸，我就不能停止脚步。

和我同行的人很多，但我却觉得陌生，唯独有一个人，我却觉得很亲切。

“你为什么不让同志们用担架，你从山上摔下去，幸亏捡回一条命。”和我说话的是一个十八九岁的姑娘，短发参差不齐，看来是剪掉没多久，一身军服早已浸透，说话都有些颤抖。

“你是咱们的医疗员，这个我记得，但我也记得我是个军人，共产党的军人，我不想给同志们负担。”

“哼！你不记得的东西多了！”扔下这句话后，她的身影就消失在了雪幕里。

（三）

我想找个地方吃饭，依旧是几个素菜，一碗面汤，吃起来却回味无穷，不过青菜还是太酥口了些，没有了野味。吃着吃着我的双眼就模糊了起来，我也知道自己是在努力找回点什么。

军队行走到了大草地，人人都说这里是绝地，我已经亲眼看到七八个战友，身陷泥沼，无能为力。夜晚在荒凉的松潘，我们扎营休息，杳无人烟的大草地上，一群人开始为晚饭寻着落。

“小智，现在身体怎么样了?”班长低着头采摘着泥地里的野菜。

“班长……我还是想不起来以前的事。”

“唉……你捡回了半条命啊。”

我当时并不知道他说的是什么意思，只是埋头寻找着可吃的野菜，一筐野菜就是一个班的粮食，要翻越这片大草地，还有很长路要走。

“你知道我们这一趟已经死了多少人吗?”

我没有作声。班长也没有说下去。

到了晚上，大家一起吃着野菜，每人一口青稞饼，吃完还小心地包裹进行囊里。

班长提议说，“唱首歌吧。”可是没人愿意第一个来。这时班里的医疗员来了，就是那个小我一两岁的，留着短发的姑娘。

“我身骑白马走三关，我改换素衣回中原……”

不知为什么，我的眼泪止不住，这首歌好熟悉，难道我们曾经认识?她那时候望着天上的星星，闪烁着，而我看着她的泪水，闪烁着。

自从我醒来，医疗员就不曾和我说过什么话，整天忙着治疗伤员，我甚至不知道她叫什么。

（四）

天气越来越冷了，我无事地在街上走着，路人脸上很少有笑容，总是急急忙忙地去做自己要做的事情，就好像时间在催赶着他们，忘乎所以，都是不肯松手的人啊。于是我决定，去看看。

高原的气候已经夺去了战友们的生命，我在的班也只剩下五六个人了，有的人因为脚底溃烂感染，病死在营地里；有的人因为过度饥饿猝死；还有些……

班长总是默默地扛起死去战士的干粮包，敬个军礼，什么也不说。

“班长，你不难受吗?”

“别废话，前面路还很长，黑夜比白天长得多。”

我总是欲言又止，有时候可能因为失忆，显得无情。但看到班长我终于忍不住了。

“他们可是战友啊，就这样弃他们而去吗?”

班长不停地喘息，仿佛喉咙被撕裂了一般：“所以说你只捡回了半条命，走上这条路的人，根本就没有想过马革裹尸，我们没有资格可怜他们，因为我们还活着，活着的人要比死去的人更努力，否则不配活着。”

我不明白，这个时候的我还算是个军人吗?我做不到如此冷漠，因为每天都有人在我面前死去。

我后来才知道，整个营只剩下一个医疗员了，她奔波在营地间，一直没怎么休息过。她很喜欢唱歌，很多个晚上我都能听见，但她总是很冷漠，眼神就和班长一样。

在翻越岷山的一个夜晚，班长也倒下了，整个班只剩下我和班长两个人。

医疗员来了，还是她，她脱下自己的黑色围巾给班长，并把一块有些霉斑的青稞饼小心地喂给班长，班长却没有吃下去。

"小慧啊，你留着吧，我用不到了。"

我在旁边静静地看着，想不出什么该说的话，这个时候……

"给我吃下去！你现在还没死！"她愤怒地嘶吼着，双眼却一直红肿得快要哭出来，"请不要放弃……我已经不想看到有人死了，自从红军出发，每天死在我面前的人我都记不清了，一开始，我用绷带去帮他们包扎，用药去救人，后来只能用泥土止血，用冷水清洗伤口……"

"他们死去的时候，我只能看着，我真的没用。"说出这句话的时候，她已经哭着跪在了还有雪水的地上，"所以，能不能不要让我最后唯一救人的办法是……哭。"说着，她也晕倒在了冰冷的地面上。

（五）

来到了墓地，我把一朵鲜花放在班长的墓碑前，行了一个军礼，我没有信守诺言，甚至愧对班长，因为现在只有我一个人活了下来，并且捡回来的那半条命，也仿佛死去了。

班长去世的那晚，医疗员也倒下了，因为担架有限，就由我背着她，她很虚弱，虽然裹着围巾，但我知道她还是很冷，闭上眼睛，她就是个孩子。

不知道为什么，恍然间好像听见背后说："我最不愿意的就是被你背着。"我知道她一直在逃避我，逃避自己的愧疚。

雪山比普通的山峰要危险得多，本来就磨损严重的布鞋在雪地上行走就已经十分艰难，背着人，我就要更加小心了。

到了休息的时候，我又想起了昨晚班长对我说的话。他递给我一本花名册，上面写着我们班每个人的名字：

王＊　1935 年 6 月 9 日

长征开始前，她的孩子刚刚产下，我也不知道发生了什么，第二天她就跟着部队一起翻越大金山，染上了急性的风寒，死在了大金山的山腰。

赵＊＊　赵＊　1935 年 6 月 12 日

部队在翻越雪山时，发生了雪崩，他们两兄弟被直接卷下了山，但他们抬着的伤员却幸免于难。

李＊＊　1935 年 8 月 23 日

他就这样饿了两天，什么也没说，当我发现他的尸体的时候，天还没亮，嘴唇已经饿得发白了，手里握着一根野菜。

……

班长记下了每个人，包括我的事。

“小智，你知道红军这次长征的目的吗？是播下火种，我们的战友跨越了半个中国，他们一直都怀着希望，去看到胜利到来的那一刻，所以哪怕只剩下一个人，火焰就不会熄灭。你知道小慧为什么能坚持到现在吗，那是因为你……所以，带着她一起，不要再失去她了。”

（六）

我离开了墓地，路上遇到了一些小孩子，面带笑容地嬉闹。我想我也应该放手了，放下这身荣誉。我一步一步地往前走，记忆却一点点地将我往回拉。

岷山上，白雪连绵着伸向每一个山峰，山是不会动的，但人却不会停下脚步，我们翻越着这座山，就好像走在为我们铺好的地毯上，背后是战友的微笑，前面是希望的曙光，我们没有时间回头看，因为我们回不去了。

我觉得好温暖，忘记了这里是雪原，仿佛回到了和战友唠家常的夜晚，我们聊着聊着就落下了泪，却没有人哭出声，我们看着漫天的星，就像在故乡抬头看着我们的亲人一样，思念无声，但它在身体里流着，滴滴答答地落在心里，好想就这样闭上眼啊，但为什么总有人叫着我的名字。

我的意识突然清醒了过来，我现在正被层层的白雪覆盖着，身边是小慧，我醒悟过来，我几乎失去了所有，不能再失去她了。我狠狠地掐着自己的大腿，直到腿没了知觉，我又拽了拽自己的鬓角，我……不能死。

就这样不知道过了多久，一堆人把我从雪中拉了出来，当我恢复意识的时候，冲向了小慧，紧紧握住她的手。

“我已经没得救了，松手吧。”

看着自己脖子上的黑色围巾，我的心撕裂般的痛，“为什么？你是这样，班长也是，就把自己的命看得那么轻吗？”

她的脸被冰雪抽打着，泪水却是滚烫的：“长征不是为了一个人的生命，是为了党的兴亡，放下我，去救更多的人。”

“哥，你当时不也是这样对我说的吗？”

这是她的最后一句话。

（七）

⋆智　1935 年 6 月 10 日

小智那天和妹妹一起去接应掉队的人，回来的时候掉下悬崖，小慧没能拉住他，不过幸好后来在山下发现了小智，他还活着。

*慧 1935 年 10 月 12 日

再见了，妹妹。

……

（本文作者为湘潭大学土木工程与力学学院 2015 级道路与桥梁工程 5 班本科生，现为湘潭大学在读硕士）

约

张　珊

至恩躺在床上，眼睛有些睁不开了。

本来以为会是生平最凉的夏，却还是在这个七月末的清晨被莫名的热浪冲得睡意沉沉。

他想着，人也应该来了。模模糊糊地，他看到门口有个人走了进来，最亮眼的，是他胸口的勋章。然而他自己的胸口，却在此时传来了阵阵痛意，这痛意，是有些猝不及防的，让他浑身动弹不得，却又有一股更强大的力量将他的双眼合上。

恍惚间，他听到了一阵尖厉而细长的声音。

姚柏青记得他上次和至恩通电话的时候，至恩说了句气话，那个小崽子，还不想当兵？老子早晚把他给打到军营里去！

当时柏青还笑他，说：“现在小孩子都有自己的想法了，你这也不能勉强啊。”又只听那头气呼呼地说，“别的问题能依他，这问题，不依！现在的年轻人，脑子里不装国装什么？”

柏青只得笑笑说：“好好好，我也帮你劝劝他。”

至恩脑子里并不是空的。

他惊讶，从来不做梦的自己，竟然看到了老连长。老连长拍拍他的肩头，和几十年前的那个夏天一样，他说，你是我带过最优秀的兵。那时的他，还总是愣头愣脑。他挠了挠头，把那把土枪又往前伸了伸。

突然，至恩又看到在一个尽头，小崽子朝他招手。他努力地朝前走，终于看清了崽子的样子。原来，他不是在招手，而是朝他敬军礼。他笑了笑，刚想伸出手，摸摸崽子的头。眼前的人，却换成了1945年8月15日，站在他旁边，和他一起相拥欢呼的战友。战友看着至恩，至恩也看着他。

但至恩突然发现，这是一场不会完结的梦。

柏青在楼下的时候，突然间看到了几树桂花。这个时节，本就应是它的味道在空气里充盈的日子，却只能看到花蕾隐在绿叶里，晨起的露珠挂在上面，折射着这个清晨并不明媚的日光。

他摸了摸胸口的勋章，把手中的牛奶提起又放下。不知怎的，总有一种预感，搅得他惴惴不安。

当他真正地站在门口，隔着窗户看到那个已经是两鬓斑白的至恩时，突然有一种恍若隔世的感觉。但却并没有一丝的记忆从脑海里往上涌，他只是看着至恩，想着他又来赴这个约时怎么会是这个样子。

苏至恩和姚柏青之间有一个约，这也是他们不知道第几次来履行这个约。

他们将这一天看作一年中最重要的日子，他们将这个约，也视作此生的信仰。

柏青突然听到了一阵声音，他此生最怕的声音。

他站定门口，看着一个又一个的白大褂破门而入，与他擦肩。再看到至恩躺在那个急救床上一动不动，身上还穿着像他一样的军装时，他往后退了两步。

至恩想把自己从梦中拉出来，可不知道为什么，还是在那里，可是他却什么梦也没有做，什么人也没有再遇见。

只是突然，有一枚红色的勋章在他的眼前闪过，继而是一面大大的五星红旗，将他环绕。他猛地想起来，他还有一个约。

至恩自己从手术台上睁开眼的事情，不仅吓到了刚刚准备手术的医生，也吓到了依然站在门口的柏青。

柏青看着被医生用轮椅推过来的至恩，至少是精神抖擞的，他更加害怕了起来，他不愿意，也不想去想那个成语。但他还是摆出了一张笑脸，迎了上去。

病房里的电视已经开始了直播，苏至恩坐在轮椅里，姚柏青坐在他后面的病床上，都一动不动。从坦克到航母到战斗机到潜水艇再到热气球下的、白雪里的、深海里的、战斗机上的解放军士兵，他们在开头就已经看得热泪盈眶，莫名地就想起那时候的小米加步枪。

“大漠列阵，黄沙百战穿金甲。塞上点兵，大风起兮云飞扬。”那个雄浑的声音从屏幕里传出来的时候，至恩看着祖国的大漠，这是他曾经参与过，打下的江山。柏青也不知道该怎么形容现在的感觉。他不知道，他是何德何能，能够看到祖国从一穷二白，变成如此富强。

他们就只是坐在屏幕面前，一个小时十七分钟。

所以很多人不懂他们，何以如此计较，那么多年前的历史。然而于他们，这却是他们这一生，无上的荣光，至高的信仰。

直到最后的掌声结束，至恩慢慢地在轮椅里闭上了眼睛。

桂花的花蕾，竟然有一股淡淡的清香传到了柏青那里。

（本文作者为湘潭大学碧泉书院·哲学与历史文化学院2017级国际事务与国际关系1班本科生，现为同济大学在读硕士）

士兵英雄

李雨芹

现在，我是一个将军，尽管寸步难行，我仍然是个将军。

过去，我是无名小卒，尽管一身气力，我仍然是个士兵。

可我怀念作为士兵的日子，那时我还年轻，既是初生牛犊不怕虎又骁勇善战，既是鲁莽慌张又逞匹夫之勇。洒过热血，流过泪水。

现在我白发苍苍，泪眼蒙眬，记得今朝，不知晓昨日，模糊现在和过去，午夜梦回，片刻清醒，偶尔混沌时分，恍惚站在当年的悬崖，日本人拿枪顶着我的头，那是让人脊背发凉，无路可走的绝望……

我记得，在那个悬崖底下，还有我弟弟的尸首……

日本人拿枪抵着我的头的时候，我护着身旁的卫生员，一步紧一步退，悬崖边的石砾细碎地往下掉。日本人准备扣动扳机的时候，我想："这辈子就是个士兵，就这么死了真不甘心！"我握紧手里的枪，准备拼死一击的时候，压根没想到那小子会突然从日本人背后冲出来。片刻间，他将日本人抡翻在地，剧烈的撕扯中，两人滚落悬崖，小子的帽子掉落在我脚边。

前后不过五秒，必死无疑的我和卫生员活了下来，本来逃开准备去报信的小子却在悬崖下粉身碎骨。

我看了看卫生员，霎时间她便失声痛哭，我没有哭，惊愕、恐惧，卸下身上的装备，我要下悬崖！“一定还有一口气，还能救，还能救！”我一句一句地念着，颤抖着。卫生员过来拉着我就要离开，我不肯走：“这是我弟弟，你放开我，他还能救，他刚刚还跟我说，立了一等功就能当上排长了！”我一点都不伤心，可眼泪鼻涕一直流，花了脸，卫生员给了我一耳光，她也已经抽泣得说不出话了，但眼神中却有一份坚毅。她拿过小子的帽子，给我戴上，牵着我走。一刹那，恍惚被抽空了全部力气，双腿颤栗，我不敢再多停留一刻，麻木的身体跟着卫生员离开。

有些事，怎么都忘不了。刻在心里，刻在脑子里。

当年，我十七岁加入中国共产党，同我一起的就是这个十六岁的小子，虽然年纪不大，却还比我高出半个头。小子父母双亡，家中只剩下他一人。他常跟在我后面一声声“哥，哥”地叫着，他说：“我觉得你就像我的亲哥哥一样，应该是上辈子见过的缘分！”他说这话时语气强烈而又纯朴童真。像是没来由的血浓于水的亲切感，我们俩成了生死兄弟。

小子说：“哥，我想当将军！”

“那咱就比比谁先当上！”

在这场恶斗之前，小子在一场突袭中受了伤，卫生员换药的时候，他总是涨红了脸。卫生员是个在国外留过学的女孩儿，大大咧咧地总是逗他说：“小战士，你连我一个女共产党员都害怕，还怎么上战场打鬼子啊?”小子又羞又恼，脸红地别过去，气鼓鼓地说：“我既不怕你，也不怕鬼子，要是鬼子来了，我赤手空拳也要废了他，大不了，同归于尽!”他这副样子，不但没有起到任何威慑的作用，反倒叫卫生员更愿意逗他了，星星般的眼睛眨呀眨的，咕噜噜转了几下便说：“嘿，你呀，尽逞能，不禁打，还得装作能打的样子！看你都伤成什么样子了。”说着加重了手上上药的力度，疼得小子直咧嘴，这小子又怕被瞧见他这龇牙咧嘴的样子，面不改色，手上的指甲又分明快切进肉里去了。这混小子！

小子跟我抱怨说：“真是个泼辣的婆娘，在我们那儿，她铁定没人要!”这混小子！旁边的老大哥立马严肃地说：“不要胡说，卫生员有丈夫了，她丈夫是地下共产党员，在上海一带活动，今年三月份被人出卖了，国民党反动派把他抓去，到现在都不知道是死是活呢!”部队里早就听说，今年上海那边地下工作组的组长被抓了，没想到是卫生员的丈夫。小子很难为情，小声嘟囔：“知道了。”

自那之后，小子虽依旧同卫生员拌嘴，可经常闷着头不作声地帮卫生员把水缸的水挑满，在卫生员出诊的时候，在她身后为她提医用器具，还常常去医务室帮忙打扫卫生。卫生员看在眼里，却好像不领情似的，总是要逗上他几句：“你这么大的人了，怎么还是个小兵头啊!”小子最不爱听人说他小兵蛋子了，他放下手中的活计，一本正经地说：“你看着吧，我很快就能成为将军了!”好像是作保证一般，有不撞南墙不回头的决绝。然后冲出医务室的门，“嘶——”，肩上的衣服被门刮下来一块布，卫生员笑着说：“瞧你，走路都能把衣服扯坏了！先等一下!”说着，走到里屋拿了一件蓝布外套给小子，“我这里正好有一件衣服，大概也没什么用了，你拿去穿吧！瞧你身上的衣服也都是补丁了。”卫生员的语调有些低沉，小子还在气头上，说着：“我才不要，你自己留着吧。”说罢便离开了。

想到这里，我发觉我正被卫生员牵着手穿梭在林间，小子好像还在，又好像离开已久。而林间三三两两搜索的日军提醒着我，清醒点，需要马上回到营地，带人过来剿灭这些日本人。我忽然想起了前几日巡逻时，小子带我走的一条小路，那条小路被灌木丛遮挡，日本人很难发现。我带着卫生员从那条路回到了营地。

回到营地，我带着一个营的兵力打游击，把企图偷袭的日本军队逐个击破。

最后，一行人来到悬崖边，已经没有时间下到悬崖下寻回尸首了，卫生员拿起那件蓝布外套，着火点燃。身边的班长急忙说：“好好的衣裳烧了多可惜！”卫生员强忍着眼泪，倔强地说：“这是我的衣服，我愿意怎么办便怎么办！”

那场战斗，我赢了。

自那以后，我成了打仗的疯子，成了疯子将军。

可我心里住着一个英雄，他只是个士兵。

（本文作者为湘潭大学商学院 2016 级金融学 1 班本科生，现工作单位为中国农业银行湖南省分行常德分行桃源支行）

那一抹绚烂的橄榄绿

刘　薇

盼了很久很久，当兵的大伯终于回家探亲了。

那是一个晴天，阳光灿烂，天蓝得就像拿颜料染过，干净而透明，剔不出任何杂质，一如爷爷奶奶美好的心情。记得那个时候，我刚上小学二年级，还是一个懵懂无知的黄毛丫头，缺了两颗门牙。

说实话，我的内心里也充满了期待，大伯到底是什么样子呢？他可是我心目中的大英雄！

大伯是1969年的兵，一直在广西边防独立五师服役，参加过抗美援越和对越自卫反击战。1979年自卫还击战时，他已经是个连长了。可以说，他是一个经历过枪林弹雨，从死人堆里爬出来的大功臣。

具体来说，大伯是一个汽车兵，我对他最初的印象，就是来自一张已经泛黄了的照片。照片是在凭祥市的友谊关照的，年代久远，是爷爷奶奶的最爱。大伯开一辆崭新的解放牌汽车，从驾驶窗里露出脸来，笑容可掬，英姿飒爽。他的身后是静静流淌的北仑河和摇曳多姿的凤尾竹。高高的城楼上面，由陈毅元帅亲笔题写的友谊关三个大字，在金灿灿的阳光下显得格外醒目。

上午 8 点钟左右，大伯终于到家了。我跟在爷爷奶奶的身后，大步地迎了上去。大伯是坐县武装部的吉普车回来的，县武装部的蔡政委是他的战友。其时，大伯也当上了广西北海市涠洲岛守备团的团长。看上去，大伯很高很瘦，目光炯炯，脸色黝黑，一定是拜亚热带的海风所赐。大伯紧紧地抱住爷爷和奶奶，止不住地泪流满面。爷爷奶奶也不停地抹着眼泪，眼里红红的。

末了，大伯才注意到站在一旁的我。他蹲了下来，用手在我的脸上刮了刮，灿烂地笑着说："你叫小薇吧，都长这么大了，快叫伯伯，我这里有糖哩!"

"伯伯。"我怯怯地叫了一声。

大伯很开心，用手揪了揪我头上的羊角辫，又在我的脸上刮了刮。我这才注意到：大伯的右手的手指少了两根，下颌骨上面有一条很长很长的疤痕。

后来，我才听爷爷奶奶说，大伯开着汽车去给步兵连队运送弹药和给养，遇到了越南人的埋伏。危急时刻，他一踩油门，撞开路障，带着车队冒烟突火冲了出去。不幸的是，纷飞的弹片削掉了大伯右手的两根手指，一颗罪恶的子弹还贯穿他的下颌。大伯在战地医院里昏迷了七天七夜，部队甚至已经填好了阵亡通知书。

天下没有不散的筵席。二十天的探亲假很快就到了。大伯走的那天刮起了老北风，下起了毛毛细雨。我和爷爷奶奶站在村口，目送大伯，他双脚咔地一碰，冲着我们敬了一个军礼，笑了笑，钻进了橄榄绿吉普车，在我们的视野中一程一程地消失。

再后来，大伯转了业，当上了广西北海市交通运输管理处的干部。我也上了初中和高中，读完了大学，考上了湘潭大学的研究生。也许我这一辈子，不会再与军人、再与橄榄绿有任何的交集了。

可就在今年的9月，大伯当兵的大儿子——我的堂哥，又向我们发出了邀请。邀请我和考上西藏大学的弟弟，去他驻守的定日县去看一看，感受一下世界屋脊和边防哨所，体验一下雪域高原的军营生活。

说走就走，我们从长沙上车，在西宁换上了有氧火车。火车鸣着长长的汽笛，一路向高原进发，空气变得越来越稀薄，我们感到有些胸闷，气短，连呼吸也变得急促了起来。

堂哥比我大不了多少，跟大伯一样都非常执拗。高中毕业后，堂哥不顾全家人的极力反对，毅然决然地报考了军校，公然与我的大伯——他的父亲唱起了对台戏。

军校毕业后，堂哥本来可以留在大城市，前途一片光明。可他又瞒着他的父亲，志愿来到了世界屋脊——西藏，在日喀则的定日县当了一名见习连长。伯父当年驻守在南海之滨，而堂哥又有志于雪域高原。这一对父子真是两朵奇葩！

车到拉萨之后，我帮弟弟以最快的速度办好了入学手续，连夜乘车向日喀则进发。出了城区，地势变得高低起伏，山也变得越来越陡峭，天地之间一片苍茫。人们都说：西藏是人的畏途，是生命的禁区。

日喀则与尼泊尔接壤，定日县更是边防前哨，再加上喜马拉雅山贯穿其境，海拔8848米的珠穆朗玛峰冠绝全球。我闭上了眼睛，怎么也想象不出雪域的荒凉和环境的恶劣。

按照约定，堂哥早早地站在珠峰山口等我。坐在车上，我凭窗望去，只见一个身材挺拔的军人，穿一身的橄榄绿，站在一辆越野吉普旁，不停地朝山外张望。我看见他的脸上有两抹高原红，双目炯炯有神。

才几年不见，堂哥又憔悴了不少，年纪轻轻就满脸沧桑。环境和气候真的可以改变一个人，就像大伯当年驻守在涠洲岛一样，亚热带的海风苍老了大伯的容颜。不知不觉，我鼻子一酸，喉咙又苦又涩，眼睛湿润了起来，忍了半天的泪水一下子夺眶而出。

那站在山口不停张望的堂哥，身影看上去尽管有些瘦弱，可在我的眼里，却显得越来越高大，越来越伟岸，竟渐渐地超过了喜马拉雅山，超过了珠穆朗玛峰的高度。

蒙胧的泪光里，我想象着堂哥穿一身绚烂的橄榄绿，带着自己的连队，顶着铺天盖地的大雪，在雪域高原巡逻，或是手握钢枪站在北风口的样子。

是的，一个个的军人站着，就是钢铁长城，就是长江黄河，就是一座座的丰碑，就是共和国挺起的脊梁。正如习近平总书记在庆祝新中国成立70周年阅兵式上所说的那样："今天，社会主义中国巍然屹立在世界东方，没有任何力量能够撼动我们伟大祖国的地位，没有任何力量能够阻挡中国人民和中华民族的前进步伐。"

我为你们而自豪、骄傲！

（本文作者为湘潭大学化学学院2017级有机化学硕士研究生）

勋章

商明月

我是一枚勋章，一枚被锁在档案室里30余年的勋章。30多年来，档案室的小窗框住我，灰尘模糊我，岁月风蚀我。受光于隙，世界于我也不过是这一隙，我以为我只是一枚再普通不过的勋章，一枚没有主人，更没有荣光的勋章。

突然有一天，我被洗净擦亮，送到一位老人手上。他眉眼温和，衣着朴素，像刚从田地里赶来，他的裤腿上还沾着些许尘土。我想，他不过是乡野间的庸人吧，我确凿只是一枚再普通不过的勋章。

像是印证我的想法似的，这个木讷沉默的老人日日在田间耕耘，在公社奔忙，披星而出，戴月而归。他从不与人说起我的来历，我只是被收在盒子里，像是不存在一般。

有一天，我被翻找出来，再次被洗净擦亮，紧靠在他的胸膛。我们应邀前往一场宴席，席中我才得知，这竟是国防部部长的家！部长满含泪水，为他斟上满满一杯酒，敬他的英勇，敬他的无私，敬他的奉献。我这才知晓，我是一枚英雄勋章，我拥有至上的荣光。

70 多年前，我的主人响应国家号召，抗美援朝，出国作战。一次，他所在的第十五军人员减少，粮尽柴绝，不仅野菜成了战士们的食物，就连路边马粪里泡涨的黄豆都被饿到极点的他们扒出来吃了……尽管到了这般惨境，当接到上级指示时，作为班长的他，仍然义无反顾地带领仅剩的几名战士向前冲锋，同敌人作战。就算只余下他一人，他也没有后退，竟凭一己之力先后毙杀敌军哨兵和指挥官百余人。在殊死的搏斗中，敌人将他的右手食指生生咬断。最后他昏迷过去，身上负伤多达 24 处。

这是怎样的天地英雄气啊！敌人当前，孤身作战，只为胸中激扬的爱国情。心中丘壑万重，眼里山河绵延，道不尽的是赤子衷情。几百代腥风血雨，几千年漫漫征程，正是有这样的英雄，我们才能踏过枯骨万里和凉薄甘苦，行至今日，安享和平。

可英雄的故事到此就戛然而止了。负伤住院一年后他悄然归家，只拿走了三等乙级残废军人证书和一千斤大米的复员费，庆功会上属于他的奖章和证书却无人认领。回乡后他勤恳工作，公社里他曾是大队长、乡长、公社党委副书记，田间地头上他是一名平凡的农民。他从未向大家吐露过自己的功绩，没人把他当英雄，就连他自己也是。后来他说：“我活在世上，应该代我的战友们做点事，我自己对组织没有任何要求。”

干惊天动地事，做隐姓埋名人。这样的英雄淡泊名与利，不被勋章与证书定义存在，他自己便是自己的光，更是我们的光，为我们照亮来时的路。他就在那儿，千秋尚凛然。

后来我与他去过许多地方，所到之处都是鲜花和掌声。但他没有改变，仍怀一颗赤诚的心为人民服务，他说：“荣誉属于祖国和人民，我只有多做贡献来报答。”

如今他已离去多年，我多想告诉他：“我们的祖国仍是五岳向上，一切河流依然是滚滚向东，民族的意志永远向前。”胜利的号角即将吹响，军队的力量不断强大，960 万平方公里，皆是希望。请安息，永远的英雄。

如今的我被陈列在博物馆的展示柜里，仍是被框住，只是与从前大不相同了。从前我羡慕风，无拘无束，穿过山河湖海，在空中在尘里，在这世上处处。羡慕鸟雀，自由自在，山崖可栖，枝头可倚，四海为家。现在同列于一枚枚沾满血汗荣光的勋章中，我确凿只是一枚再普通不过的勋章，因为我们的身上同样镌刻历史，同样警示未来，“昭昭前事，惕惕后人”“永矢弗谖，祈愿和平”。英雄，我替你继续守护祖国，愿你乘风好去，长空万里，直下看山河。

（改写自抗美援朝特等功臣柴云振真实事件）

（本文作者为湘潭大学外国语学院 2019 级英语 4 班本科生）

我的战争

李　杏

我是一名战士。在这支两百四十万人的队伍中，我是其中一个，同时，我也是这支队伍中的千千万万个。也许我曾身经百战，身上刻着象征荣誉的伤痕；也许我从未上过战场，心中渴望战斗的火花。抗美援朝，保家卫国，党中央、毛主席一声令下，我们随时准备开拔。

写下一封书信宽慰母亲的日思夜想，寄出一方丝巾擦去恋人的满面泪光，种下一棵松树守护这片我生长的地方，而后我转身离去，踏上这捍卫祖国尊严的如虹征途。再见了，母亲！再见了，恋人！再见了，祖国！英雄男儿即将踏出国门、奔赴战场，这一别或将有去无回，而我已视死如归。穿上军装，背上钢枪，把热血装进胸膛，雄赳赳，气昂昂，我跨过鸭绿江。

（一）

敌人可能想象不到，这支他们认为绝对不敢参战的军队竟能如此隐秘且迅速地过江展开攻势；敌人更想象不到，这支他们根本不放在眼里的军队竟能把他们打得措手不及。他们惊慌失措，向南溃逃，我们的包围圈形成一个无形的铁笼，把这群受惊的猛兽死死困住。他们露出獠牙，咆哮着向我们进攻。

我接到营长打来的电话，命令我连拦住敌人溃兵的退路。我向营长承诺，人在阵地就在，决不会让敌人爬上小高岭一步。登上小高岭阵地前，我给连队的战士们做动员，我说：“不相信有完成不了的任务，不相信有克服不了的困难，不相信有战胜不了的敌人。”战争是残酷的，谁对谁都不会手软。身处激烈战场，笼罩在我们周围的烟是炮火硝烟，击打在我们身上的雨是枪林弹雨，敌军凭着先进的武器，给我们造成重大伤亡。敌人反复冲击九次，我们的子弹打光了，上刺刀，刺刀拼弯了用枪托、用石头，就是用赤手空拳，也不能让敌人爬上小高岭一步。连长牺牲了，副连长指挥，副连长牺牲了，班长指挥，哪怕流干最后一滴血，也不能让敌人爬上小高岭一步。

战斗到最后，全连只剩一个人，他踉踉跄跄站起来，捡起一个炸药包，用尽力气冲向成群的敌人。五十米，三十米，二十米，十米……直到一声巨响，他与爆炸扬起的沙石和尘土一起，永远与这青山融为一体。

（二）

那年，长津湖畔，正值五十年不遇的寒冬，在将近零下四十摄氏度的茫茫冰原上，我们穿着单薄的衣服。敌军的飞机长着锋利的牙齿，咬断了我们的补给线，被服和粮食一时半会儿还上不来。寒风夹杂着冰渣子，直往我们身上打。战友们相互调侃，说对方的脸蛋硬得像石蛋。何止像石蛋，那寒风吹打过的脸，满是裂痕，像极了被太阳晒得皲裂的旱田。有的战士冻掉了耳朵，有的冻掉了脚趾，每个人的脸上、手上、脚上，都布满冻疮。我们无心笑，也不敢笑，一笑嘴唇开裂处就冒出鲜血来，立刻感受到皮肉撕裂的疼痛。我们吃的是小麦掺杂玉米磨成粉末的炒面，地上随手抓起一把雪，撑大喉咙一并吞下去。稍有不慎炒面就会填进嘴唇上的裂隙，得赶紧用舌头舔掉，这一舔，又是一阵钻心的痛。

我们接到上级命令，夜间伏击敌军部队。在那个风雪交加的寒夜，我们尖刀连全员趴在伏击阵地上，随时准备一跃而起，向敌人进攻。我注视着视线范围内的风吹草动，等待冲锋号角吹响。雪一直下，风一直刮，慢慢地，我的思绪飘回祖国故乡，在家里的火炉旁，我看到母亲给我端过来一碗热腾腾的面条，看到恋人张开双臂等着我久违的拥抱……

此时，冰霜已经爬上我的身躯，将我的双手和步枪牢牢地焊在一起，我的血液渐渐凝固成冰块。我和身旁的战友们一样，身体散尽最后一丝余热，冻成了“冰雕战士”。没能等到冲锋号角吹响，我们尖刀连就已集体阵亡，成为一支“冰雕连队”，我们依旧保持着冲锋的姿态，却再也无法向敌人开枪。

（三）

我蜷缩在上甘岭597.9高地的防炮坑道，天空正倾泻着炮弹雨，地表流淌火浪、腾起硝烟，头顶漏下缕缕沙尘，脚下的土地一直颤抖着。伴随着爆炸，持续不断的嗡鸣从耳膜传进大脑，我感觉五脏六腑都要裂开了，我再也受不了了，抓起枪就要冲出坑道。班长将我摁在地上，冲我怒吼：“你想白白送死吗?”我哭着问班长：“你说，我们今天做的事以后会有人记得吗?”班长回答：“会的！一定会的!”

我们喜欢黑夜，因为黑夜是天然的烟幕，只有我们被黑暗笼罩起来，敌人的炮弹才不会那么密集地落到我们的阵地。我们最希望和敌人短兵相接，因为他们不可能连自己都炸，只有我们与敌人近距离拼杀，敌人的炮火才能让我们短暂喘口气。

敌人打仗靠的是武器，机枪上完坦克上，坦克上完重炮上，重炮上完飞机上。坦克炮、榴弹炮、火箭炮，爆破弹、燃烧弹、照明弹，战斗机、轰炸机、侦察机，轮番绞杀着这块高地上的不屈生命。抓起一把鲜血浸染的泥土，有一半是破碎的弹片。看着这被炸得粉碎的山头，我在心里发问，我们的飞机、坦克和大炮在哪里?

我们打仗靠的是精神，不怕死、不能输、不屈服的精神。我们硬着头皮与敌人激战四十三天，把这场战斗打成了一场战役。敌我反复争夺阵地五十九次，我们击退敌人九百多次进攻，山头被炮弹削低两米，最终我们把那布满弹孔的战旗插上高地。我指着满山横七竖八的尸体和残肢断臂，对班长说：“像他们一样，死了多安逸，再也不用忍受战争的折磨。”班长告诉我：“我们的目的不是牺牲，更不是安逸，而是胜利!”

（四）

也许我从战场上活着走了出来，我是这场战争中的幸存者。

我回到曾经惜别的祖国，胸前挂着大红花，接受人们的敬意。我回到家乡，母亲端过来一碗热腾腾的面条，我给了恋人一个久违的拥抱。我脱下军装，整整齐齐地叠好，把它连同勋章和功名一起装进小木箱，放在一个触碰不到的角落，顺便也把浴血光荣的战争记忆深深藏进心底。

我是这场战争中的幸存者，我要好好活着，替我的战友们好好活着。我时常从梦里惊醒，梦见和我并肩作战的兄弟被炸弹撕碎、被子弹打穿、被烧成火人、被冻成雕塑，永远长眠在异国的残垣焦土。一想起我那牺牲的战友，我的眼泪就止不住地流。不忍回忆，不愿提起，但却难以忘记。一枚弹头永远留在我的身体里，每到阴雨天气便隐隐作痛，那是战争留下的印记，我死后，这枚弹头将随我一起埋入地底。在我有生之年，我有幸见证了祖国繁荣昌盛，人民安享太平，那是我们在战场上用鲜血和生命换来的呀！生活过得越好，我越发想念我的战友们。后来，我逐渐老去，每天都要去公园里独自静坐许久，泡上一壶苦茶，燃起一根香烟，回忆战争岁月炮火硝烟的洗礼。当我彻底衰老，我经常忘记回家的路，甚至忘记自己的姓名，但那首战歌我不会忘：雄赳赳，气昂昂，跨过鸭绿江……岁月拔光了我所有的牙齿，我说话已经吐不清楚每一个字，但那首战歌我还能大声唱：雄赳赳，气昂昂，跨过鸭绿江……

（五）

也许我牺牲在异国他乡的三千里江山，我的名字被刻进烈士名录，成为书中记载的阵亡人数之一。我是十九万七千六百五十三名烈士中的其中一个，或被炸弹撕碎、或被子弹打穿、或被烧成火人、或被冻成雕塑，我永远长眠在了异国的残垣焦土。我朝着祖国的方向倒下，活着的战友替我挖了一个土坑，脱帽、鸣枪、敬礼，他们用最简陋却最庄重的方式把我安葬。战争结束后的第二年春天，我的鲜血浇灌过的土地上开出美丽的金达莱。

我年复一年地等待，等待祖国接我回家，我坚信，祖国不会忘记我。终于有一天，压在我身上的泥土被小心拨开，他们仔细清理我的遗物，用白布包裹我的尸骨。我被装进一个小小的棺椁，国旗覆棺，礼兵列阵，祖国用最高礼遇接我回家。年轻的士兵把我轻轻抬起，我终于迎来重回祖国的时刻。此刻，如果我还能放声大哭，我必定热泪盈眶，可惜我的生命早已逝去，化作一堆白骨，我再也无法哭泣。离家还是少年身，归来已是报国躯，我出国征战的时候，还是个壮实的大小伙子，而现在，我的尸骨加上棺椁也不过三十多斤重。

我登上接我回家的运 20 专机，国家自主研制的战略运输机，进入国境时两架歼－11B 战斗机伴飞护航，这是我曾在战场上梦寐以求的战机啊！我在专机上俯瞰这片惜别整整七十余年的祖国大地，一条大河波浪宽，风吹稻花香两岸，高楼拔地而起，道路交织密集，孩子们在校园里欢声笑语，祖国繁荣昌盛，人民安享太平。这是我用生命和鲜血换来的盛世辉煌啊！我流过的鲜血，我付出的牺牲，我为国捐躯的征程，都值了！

我是谁？

我是杨根思，是邱少云，是黄继光，是飘扬在上甘岭英雄阵地的不倒旗帜，是屹立在长津湖风雪战场的“冰雕战士”。我是最可爱的人，我是中国人民志愿军！

（本文作者为湘潭大学马克思主义学院2017级中国共产党历史1班本科生，现工作单位为中国铁建港航局集团有限公司第一工程分公司）

一封家书

扶紫媛

家书可以打破时间壁垒，将一份情怀小心翼翼地保存、流传，像是在栉风沐雨中呵护一盏烛火。这样，许许多多盖着时代印章的动人故事就慢慢地为后人所知晓了。在战火纷飞的年代，一封封短短的手写家书，不仅是表示问候与挂牵，更是彰显着英雄气概与红色精神。

曾有幸看到一封写于 80 多年前的家书，对信的内容记忆犹新。信件写于 4 月份，草长莺飞的季节。年份为 1937 年，全民抗战即将爆发，正逢国家危难之际，民族存亡之时。“烽火连三月，家书抵万金”，这封信何其珍贵不言自明，写信人是向家中报平安么？我不禁暗暗捏了把汗。细细读来，一字一句沉重地敲打在我心坎上。主人公叫韩雅兰，她写这封信是为了告知父母自己来延安的缘由。“儿不愿做个时代的落伍者，不愿落人后，儿要为改造不合理的社会而奋斗，为后来女子求幸福，也要和男人一样为国家民族求解放，做一点有意义的事业。”寥寥数语，荡气回肠。雅兰家庭条件优越，又极具才华，自复旦大学毕业后，按照寻常的发展轨迹，她可以拥有安逸平稳的下半生，可以拥有写满无限可能的锦绣前程。可她不愿意做时代的落伍者，不愿意看着祖国大地满目疮痍，不愿意在国难当头之时独善其身。所以雅兰做出了一个影响她一生的决定——只身奔赴延安，来到中国人民抗日军政大学学习。她想为改造不合理的社会而奋斗，想去寻求中华民族解放的方法，想去做一点有意义的事业。也许，这就是那个时代铮铮风骨的生动剪影。他们将毕生所学奉献给祖国的革命事业，用满腔热血去拯救这破碎的山河，去拯救被厚厚阴霾笼罩、束缚着的家国。国未泰，民岂能安？有骨气有情怀的中国人，方才是有抱负有作为的炎黄子孙。这就是那个时代青年们的思想追求。雅兰虽然曾多次写信给家中说明，但一直未收到回信。此去千山万水，安危莫卜，周遭人肯定很难理解她的选择，家中父母又如何不会反对？她怕老人生气，就在4月18日写下这封信以求父母谅解。信中坚毅坦然的文字背后，我感受到雅兰对父母深深的愧疚。人生的道路有很多，她偏偏选择了最危险最困难的一条。唯一能做的，就是让老人少些惦念吧，她说这里同乡人很多，请大人放心。原来啊，在抗战的洪流中，不知多少前途无量的大好青年做出了和雅兰一样的选择，他们在家国危难之际脱下长袍换戎装，奔赴一场劫难，像奔赴一场盛宴，前赴后继地走上救国救民的道路。

也许是在一个风定人静的春夜，微风徐徐，烛火摇晃，闪烁着微光，人影也在烛光里摇晃。雅兰在书案前匆匆写下酝酿已久的字句，神情坚定，目光如炬。落款为“漂泊的女儿敬禀”。既然做出了选择，那么今后风雨兼程，义无反顾。最美好的年华献给最需要自己的国家，我想她是无悔的，哪怕再来一次，也会做出一样的选择。

读罢噤声，沉吟良久。静静凝视着纸张上安然平躺着的文字，我看见峥嵘岁月的炽热情怀在薄薄的纸张上翻滚、流淌。雅兰的家书是那个兵荒马乱年代的深刻缩影。一封家书，跨越波澜壮阔的历史长河，穿过烈烈战火和漫天硝烟，将几代共产党人和仁人志士的家国情怀生动讲述、传承。因此，我们才能窥见那个不朽的年代，靠近那些至情至性、大义凛然的灵魂，领悟到个人命运与民族、国家命运的密切关联。

几十年前执笔人心潮澎湃，几十年后读信者感同身受。这份感动迟来了八十几年，也沉淀了八十几年。今天的中国，河山无恙，家国昌盛，执笔者苦苦谋求的幸福已经到临，盛世的画卷美得动人心魄。家书上的故事也许有一天会被时光封存，但革命先贤的精神风貌和心路历程将持续不断地感动后世来者，红色精神永不泯灭。

一纸家书，淋漓尽致地体现出共产党人的红色精神。红色精神是上下同欲、和衷共济的时代写生，传承红色精神是历史赋予我们这一代人的使命，更是我们向未来作出的承诺。那么，如何将这盏烛火代代相传？

于国而言，改革强军是传承红色精神的必然选择。前人流血牺牲换来的960万平方公里的广袤河山，今人必须誓死捍卫，寸土不让。凝心聚力实施改革强军战略正是加强国防力量的内在要求。习近平总书记强调："军事政策制度是我们党治国理政的重要保障，军事政策制度改革是对我军的一次制度性重构，关系实现党在新时代的强军目标、把人民军队全面建成世界一流军队，关系实现‘两个一百年’奋斗目标、实现中华民族伟大复兴的中国梦。”因此，必须坚持改革军事制度，推进新时代强军制度建设，保卫祖国疆土，筑牢红色军魂，传承红色信念。

对于青年大学生而言，加强国防教育是传承红色精神的重要途径。前人在与我们年龄相当的时候，有的投笔从戎、献身革命；有的慷慨就义、视死如归。烽火年代的故事皆由少年们的一腔热忱与璀璨信仰书写，处于和平年代的我们更应将这种信念薪火相传。加强国防教育，一方面是为了向大学生展开我国防备和抵抗侵略、制止武装颠覆、保卫主权统一和领土完整的普及性教育活动；另一方面，加强国防教育是增强民族凝聚力、巩固国防的重要途径。我们在军事实践教育中接受军队式培育的洗礼，在军事理论课程中打下良好的国防知识基础。国防教育的内容涉及方方面面，推动国防教育以不同方式走进校园，以红色精神塑造当代青年的精、气、神，正是培育时代新人弘扬爱国主义的内在要求。

在韩雅兰写完那封家书后不久，七七事变爆发，全民抗战一炮打响。她参加了陕西妇女抗日救亡运动，后病逝，终年 38 岁。年轻的生命为民族解放事业上下求索，至死方休。家书背后的故事是革命之艰苦，是红色精神之熠熠生辉。

红色精神是不忘初心，方得始终；是万里蹀躞，以此为归。作为时代新人的我们更要学习、贯彻、实践红色精神，这样才能诠释出红色精神的丰富内涵，这样才能不负那一封封家书中对后世的美好希冀，才能使中华民族崛起于世界民族之林，这支精神火炬才能在筚路蓝缕的奋斗历程中世代相承、生生不息。

（本文作者为湘潭大学法学院 2019 级法学 5 班本科生）

我甚爱你，不能忘矣

张树敏

采访结束后，我刚合上手边的笔记本，突然一个念头闪过我的脑海，我抬眼望向对面端坐的婉约女子，“陈女士，刚才在采访中您提到您的爷爷曾参加过抗战，对吗?”

她一愣，然后温柔地笑了笑，“是的。”

“我最近在做一个专题报道，是关于抗战时期的故事的，不知道您方不方便和我讲一下您爷爷的经历，如果能讲他与您奶奶的故事就更好了。”经过长时间的采访，面前的人和颜悦色且毫无不耐之意，我有些羞于再提出这个请求，“如果您不方便也没关系，占用您这么长时间我已经很惭愧了……”

“没关系。”她还是笑着，眼中光彩熠熠，像是阳光下盈满的潋滟水波，“我愿意讲述。这段经历是我爷爷奶奶的骄傲，也是我的骄傲。”

农家的姑娘最吸引人的从来不是姣好的容颜，而是青山赋予的坚韧和碧波给予的明朗。

陈召第一次见到方竹燕的时候，她白皙的左臂挎了一个空竹篮，一身水绿衣衫，亭亭立于溪边。抬头看到陌生人，也不怯生，唇角弯弯，眉眼恬淡。转身离开时，那乌黑柔顺的头发随风蹦跳着，仅仅几丝，就足够将陈召的心，捕得严严实实了。后来的故事和其他眷侣大同小异，两人慢慢接触、了解，然后交往、成亲。结发一年后，方竹燕怀孕了。这本是天大的喜事，可那是1931年。

那天夜里，陈召轻抚着爱妻的脸，有些迟疑地说："燕儿，我……想参加红军。"方竹燕本来睡意昏沉，闻言瞬间清醒了九分，她看着陈召，声音温软，却掩着些许悲恸，"你想好了吗？"

"想好了。"

"是昨天来的那队红军让你有了这个想法吗？"

"对，我想像他们一样。"

"可是日本人还没有打过来，我们的村子未必会被发现。"

"燕儿，我知道。"

"战士们吃不饱穿不暖，天天要赶路，还要防备着被日本人发现，过得远不如我们现在。"

"燕儿，我知道。"

"我们的孩子……"

陈召红了眼眶，紧紧抱住方竹燕，声音有些嘶哑，"燕儿，我知道，我都知道。是我对不起你。"

方竹燕的眼泪大颗大颗胡乱地坠下，将脸颊沾得湿漉漉的，她声音破碎，带着哭腔开口，"假如你牺牲了，谁还会记得你？"

陈召粗糙的手，温柔地抚去妻子脸上的泪痕，与她额头贴着额头，眼睛对着眼睛，而后缓缓道："燕儿，你会记得我，孩子会记得我，国家也会记得我。"

“国难当头，你让我如何在看到那些受了伤却还在坚持赶路的红军战士之后还缩在家中？如果我们的国家灭亡了，我们脚下的土地不是我们的了，我们会是谁？我们要去哪儿？”

“燕儿，我不是想抛弃你而舍身为国，我想努力保护国家，因为我知道，只有把国家保护好，我才能保护你，你明白吗？”

方竹燕眼中犹带泪意，但是她的唇角却弯出一抹淡淡的弧度，她用手描绘着眼前人的眉目，仿佛要将他的模样牢牢铭刻于心，“我明白。既然你意已决，那多加小心。”

两人分别在一个天色尚未明，薄雾漫漫的清晨。方竹燕看着已经整装完毕的陈召，心中有千言，却不知从何讲起，她顿了顿，只是笑着说：“我等你回来。”陈召上前紧紧抱住妻子，那么久，那么用力，好像想在这个微凉的早晨用温暖的怀抱驱散她今生会受到的所有寒意。他轻声回答：“好。”

行军艰苦，音讯难至。幸而陈召家境还算殷实，早些年读过书，识得字也提得笔，方竹燕隔一阵便会收到他自前线寄来的家书。只是有时隔数月，有时隔一年。村里人都知晓，若是竹燕今天眉眼带笑，那定是陈召的信来了。

这天，方竹燕回到家，唤来一个眉清目秀、还长着包子脸的小男孩，展开信——

燕儿：

近来你与爹娘可好？圆圆也听话吧？

昨天白日里队伍路过一处草地，一白兔突然窜出，十分漂亮，要是同你在一处我一定为你捉来，你定欢喜。

夜里轮到我守夜，今夜无风，静谧非常，只闻鸟啼。那可是只燕子？你可是想我了？托它传递思念与我。

平日里少操持，勿过劳，注意身体。我一切尚好。

陈召

方竹燕笑了，将信纸贴近心口，仿佛这样就可以和她的心上人离得更近一步。旁边的小男孩声音清脆，带着童声特有的稚嫩发问："娘，爹说了什么呀？"方竹燕把小男孩抱起，轻轻地抚摸着他的发顶，"爹爹说呀，他就快回来了。让圆圆在家乖一点，他回来就抱圆圆呢。"

小男孩开心地笑了，抱着方竹燕的脖颈蹭个不停："圆圆最乖了！"方竹燕搂着陈圆，望着陈召那天离开的方向有些出神，你什么时候回来呢？

陈召却像故意和她对着干似的，此后的一年半时间里，音讯全无。那天方竹燕正在切菜，出神中手被刀切了一道长长的口子。"嘶—"方竹燕回过神，鲜血瞬间染湿了翠色的青菜和案板，她突然没由来的心慌。陈召已经一年半没给家里来过信了。听见声响的陈圆冲过来抱住方竹燕，"娘，小心点！""好，娘没事。"方竹燕蹲下摸摸陈圆的头，"今天先生讲了什么呀？"

陈圆笑眯眯地回答："讲了父亲。轮到我的时候，我说我爹是个大英雄。"

方竹燕的眼泪一下子涌了出来，为了不让陈圆发现，她死死咬着牙，拼命眨眼，把下巴搁在陈圆的颈窝里，拍拍他的背，"圆圆真棒。"

"后来呢？"我有些揪心，"陈先生一直没有来过信吗？"

她摇了摇头，"不是的。据爷爷的战友说，那段时间爷爷给家里写过信的，只是当时因为战争原因，很多地方的通信并不便利，可能信被搁置了，或者送信途中丢了。”

最后一封信，陈召写于1937年。方竹燕收到这封信，已是数月之后了。

吾妻：

自我参加抗日战争始，至今已有六年。思及过往，与你分别之时还仿若昨日。燕儿，我怎舍得你。可国家如此，匹夫尚有责，我为军人，实不能临阵退缩。

如果我牺牲了，你勿要难过。我非最先牺牲者，有人牺牲在我之前。我亦非最后牺牲者，我牺牲后，亦有千千万万人蹈我前辙。

本望抗战胜利，凯旋见你。如今看来，此民族战争之胜利或不在我。无碍，只望战争胜利，国家存在，如此你们才可平安。

队伍已被包围，突出重围之希望渺茫。望爹娘体谅儿之不孝。教陈圆勿忘国难，定要发奋，忠心报国。

我甚爱你，不能忘矣。

陈召

“您奶奶当时一定很难过吧?”这并不难猜，毕竟作为倾听者的我听到情深至此的话语也不免泪湿眼眶。“是的。”她点点头，“悲痛欲绝。”

但方竹燕还怀有一丝侥幸，她希望陈召信中那渺茫的可能发生，他们突出重围，哪怕陈召带着一身伤回来见她，她也是愿意的，只要他回来。

后来，方竹燕所在的村庄被迫进行了一次转移，生活艰辛凄苦，前路漫漫茫茫，支撑着她的只有陈圆，和那一点微渺的希望。“您的爷爷……”我有些急切地发问，想要得知这对有情人最终相见的消息。陈女士有些无奈地摇了摇头，“我的爷爷确实在那场战役中牺牲了。他没能回去，也没能与我奶奶再见。他当时给我父亲取名陈圆，就是团圆之意。只可惜他食言了，他们最终没有团圆。”

“您的奶奶后悔吗？会不会后悔当时让他从军？”

“怎么会。”陈女士笑了，“她深知儿女情长应让步于民族大义，后来我的父亲在她的教导下，也成了一名军人。这一度让我母亲不太安心。”

“那您的母亲怎么会愿意的呢？”我一哂，有些八卦地问道。“因为我父亲对她说，‘我甚爱你，不能忘矣’。”陈女士狡黠地对我眨眨眼，然后拿起手边的包，“我该走啦，我的爱人要来接我了。”

“好的。”我站起来，“很感谢您的分享。”

她还是温柔地笑着，对我摆摆手，风轻轻扬起她的长发和裙摆，在阳光下缀上点点微光。我目送她出了门，然后看到一名姿容挺拓的军人向她走来，亲昵地为她理了理头发。

我有些讶异。

原来一个人对国家、民族的爱与坚守可以传给一代人，原来她们无数个清晨夜晚坐立难安的担忧和委屈可以被一句“我甚爱你”抹去，他们无数个冲锋陷阵迎难在前的疲惫与伤痛也可以被一句“不能忘矣”慰藉。

原来国家和你都在心里。我甚爱你，不能忘矣。

（本文作者为湘潭大学外国语学院2019级英语4班本科生）

第四篇

歌颂祖国，谱写新篇

“身闲诗旷逸，心静梦和平。”旧时历经战争之火炙烤的土地，就算经历了时光安抚，仍能看到过去的伤痕累累。残酷深扎土地，刺痛着落户安家的百姓。国家背负着人民，集结，冲锋。将敌人打败，将战乱赶走，将和平迎来。现在的我们歌颂着伟大的祖国，感激这“君臣朋友尽和平，四海熙熙致清晏”的时代，牢记着过去岁月的艰难，不畏苦暗，奋力前行，谱写新篇，海晏河清。

勇者之路，大国丰碑

付　括

泱泱华夏，浩浩八荒，五千年饱经沧桑。
炎黄逐鹿，尧舜兴邦，九万里拓土开疆。
船楼铁柱，玉斧革囊，耗心血百世流芳。
经史子集，士农工商，传天下源远流长。
三山五岳，黄河长江，筑九州血脉脊梁。
千年封建，百代帝皇，繁华尽终历风霜。
鸦片四起，锁国闭关，肉食者委曲求全。
百鬼夜行，烽烟弥漫，怎甘心割地赔款？
辛亥枪声，划破长天，新篇章谱写人间。
列强争霸，群雄并起，望前路扑朔迷离。
五四文字，振聋发聩，新青年裂苍天碎。
嘉兴南湖，红色诞生，革命声传画舫中。
星星之火，可以燎原，食蟹者敢为人先。
两党合作，北伐中原，出内乱再起波澜。

五次围剿，湘江血战，路线误突破艰难。
战略转移，风云突变，这一走二万五千。
遵义会议，伟人出面，引航者力挽狂澜。
强渡乌江，巧过金沙，刀在手斩将过关。
赤水四渡，奇兵激战，抛头颅剖肝沥胆。
大渡桥横，泸定索寒，众人杰气冲霄汉。
六甲阻击，乌蒙回旋，敌人苦寝食难安。
茫茫草地，皑皑雪山，饥寒迫举步维艰。
苦尽甘来，山花烂漫，三军聚喜笑开颜。
日寇入侵，全民抗战，战火燃断壁残垣。
十一建国，九州一统，旧貌去终换新颜。
核武爆炸，九九阅兵，亮利刃震慑群雄。
神舟飞天，蛟龙入海，圆梦想千秋万代。
中国未来，热血儿郎，不畏惧大风大浪。
青年雄心，年少轻狂，斗志扬锋不可挡。
莘莘学子，百炼成钢，敢争先做大做强。
军训虽苦，咬牙较量，剑出鞘初露锋芒。
军中之军，钢中之钢，上战场真刀真枪。
锦绣中华，地灵人杰，新时代来日方长。
日新月异，无上荣光，历艰辛安然无恙。
万里山河，国富民强，扬巨帆何惧风浪。
歌舞升平，繁荣盛昌，愿祖国万寿无疆。

（本文作者为湘潭大学材料科学与工程学院 2016 级材料科学与工程 1 班本科生，现工作单位为深圳市天健第三建设工程有限公司）

鸽颂

张树敏

我是一只白鸽。

我见过戈壁的飞云袭日、黄沙苍莽，见过高原的银装素裹、皑皑模样，见过原野的遍地牛羊、青青牧场，见过海滨的壮阔迤逦、碧色涛浪。

我常驻在这片名为华夏的沃土上。因为这片土地的人们生性平和而热忱，在这里，没有战火会灼烧我的羽毛，亦没有硝烟让我被迫修改飞行的轨道。

我爱极了这片土地的安宁，但同时也有些许困惑。这里是被神明庇佑的吧，我小时候常想，不然为什么如此美好呢。

可是后来母亲告诉我，庇佑这片土地的，并不是神明。

那是1949年，我爷爷的爷爷曾在天安门广场掠过，他目睹了一次重大的仪式，那里有很多昂首挺胸、阔步向前的人，我的母亲说，他们才是和平的缔造者。

初时稚嫩，我不甚解，他们是怎么创造和平的呢？

直到我的羽翼渐丰，亲历这山辽水阔、万里江河，我才认识了他们。他们是军人，他们身上有顽如松的意志，有坚如铁的精神，人们说，这是军魂。

其实我不明白。我不明白他们在千米高原上嘴唇开裂、全身冻伤还在站岗，是在坚持什么；我不明白他们在擒敌缉犯的过程中不幸中弹、身负重伤还要继续，是在追逐什么；我更不明白三代人参军，三代人捐躯报国，下一代人还要传承这份使命的家庭，是在保留什么。

后来啊，我看到边疆人们在睡梦中安心的笑颜，看到平民百姓在街头闲适的步履，看到那些传承着红色基因的家庭悲伤却自豪的眼泪，我好像突然明白了什么。

他们不惜命吗？他们不会痛吗？当然不是。只是他们的心早就被凌驾于个体之上、更高的事物填满了，那是他们的信仰，他们不畏前路的荆棘坎坷，不管是否在负重前行，他们心甘情愿。

当我看到那些孩子们的时候，我明白了这片土地能持久和平的原因。在孩子们身上，在那些向站岗的士兵敬礼的孩子们身上，在那些驰骋在军训场的孩子们身上，在那些自愿应征入伍的孩子们身上，我看到了他们血脉里流淌着的红色基因。这真是个神奇的东西，我想，这基因好像早已和这片土地上人们的骨血融在了一起，任它岁月不居、时节如流，任它千秋万代、亘古亘今，它就在那里，它永远在那里，它让印有五颗金星的红旗永远飘在晴空上，它让红旗下的人们心无所畏、自由生长。

那是2019年，我从天安门广场飞起，和无数的我的同伴。飞机留下的烟雾还未完全散去，人们的欢呼声也回荡在云霄里。

红日的光辉洒在我肩上，我振振翅，雪白的羽毛擦过流云，我享受着这时刻，和下面的千千万万人一样。

我再次回头看看，真好。

好一个华夏沃土，好一个山河锦绣，好一个盛世繁昌。

（本文作者为湘潭大学外国语学院 2019 级英语 4 班本科生）

站立在东风[1]中的胡杨

刘岳楚

在风沙的尽头
有一棵胡杨
乘着浩气而生
不傍山水之贵
白天，是烈日无情的炙烤
夜晚，是风沙絮絮的劝说
可是他从未后退一步
因为他知道
自己的身前是荒漠
身后是家乡
他只好让自己的根扎得更深
枝干长得更加峥嵘

---

① 为什么是东风？这里的东风一语双关，指的不仅是东风，还指的是地名——东风航天城。

时光的流逝
不过是日落月升
他一无所有
只剩下岁月雕刻的伤痕
和一身的骄傲

在我的家乡①
有一棵胡杨
他喜欢听悠扬的驼铃
羊群的细语
喜欢在这一望无际的戈壁
站成一抹清凉
喜欢听过往的商人
讲述飞天的梦想
他也仰望蓝天
想象自己在高空飞翔
最后把叶子送往远方
那一天，他听到了大地的轰鸣
火焰照亮了整个夜晚
一条巨龙②冲上云霄
他激动地摇了摇枝干

---

① 这里的家乡指的是东风航天城，它是中国科学卫星、技术卫星和运载火箭的发射试验基地之一。我的父亲是名军人，曾驻守在这里，我曾在这里生活过，这也是我写本篇文章的缘起。

② 巨龙指的是神舟飞船发射升空。

因为他知道人们的梦想
于此刻实现

在这片美丽的土地上
有一棵胡杨
历经千年的沧桑
终于有一天
他看到这古老的土地
焕发出新的风采
他看到新的太阳从东方冉冉升起
这片天空
比历史上的任何时刻都要红
他知道
那是中国红
火车的轰鸣打破了丝路的寂静①
看着来来往往的列车
他骄傲地抬起头
在他身后的这片土地
必定更加繁荣富强

有这么一棵胡杨
站在东风中
只给人们留下

① 指新时期丝绸之路，中国贸易频繁。

坚毅的背影

和一世的太平

谨以此篇献给新中国 70 周年华诞和那些为新中国奋斗终身的人①

（本文作者为湘潭大学碧泉书院·哲学与历史文化学院 2017 级文化产业管理 1 班本科生，现为西北政法大学在读硕士）

---

① 第一段写的是自然界的胡杨；第二段隐喻的是守护西北边陲的将士；第三段则隐喻的是为中国繁荣富强而默默奉献、不懈努力的人们。本文以时间为线索，胡杨的所见所感讴歌了新中国成立七十周年翻天覆地的变化，同时赞美了在背后默默奋斗，守护和平的人们。

中国日记

吴佳蔓

从今天起，中国的历史要分两段写。

1949.10.01　记

有些梦虽然遥不可及，但并不是不可能实现

路口熙熙攘攘地挤着许多辆黄包车和手推车，一个乞丐蜷缩在一家商行门口的角落，一伙打着赤膊的工人围聚在一起，用手接水壶里的水来喝。街上人来人往，却并不觉得多热闹。天空灰蒙蒙的，街上的人灰蒙蒙的，整个上海都是灰蒙蒙的。

饮了二斤花雕酒，便觉昏昏欲睡，醉意朦胧间，竟发现眼前银涛壁立，江水滔滔——正是黄浦江。我此时竟置身于一架铁桥之上，更加令我震惊的是这桥竟横跨黄浦江直筑到对岸浦东！未及惊叹，景象变幻，又见满眼高楼拔地而起，无数的电灯将整个城市照耀得恍如白昼；画面又转，又见许多金发碧眼的外国人谈笑着走进一幢恢宏雄伟的建筑，建筑上高高地挂着“万国博览会”的牌子；画面再转，我看见地下安放着四通八达的铁轨，电车在其中穿行……

猝然惊醒，恍然是梦。忍不禁将梦中种种诉与妻子，她道：“这是你痴心妄想久了，所以才做这奇怪的梦。”我抬头望向屋外，黄昏已至，晚霞像是一团熊熊燃烧的火焰吞噬掉半壁天空，给原本灰蒙蒙的上海增添了一丝生命力。

休说是梦，到那时真有这景象也未可知。

1910.08.18　薛士谔记①

中国不只是走上了世界舞台，而是高高地飞了上去

继2008年北京奥运会成功举办后，又一个国际盛典——上海世博会正式拉开序幕，历时184天的盛会，吸引200多个国家，56个国际组织，7308万游客前来参展。在众多展馆中，中国展馆“东方之冠”以其恢宏华美的特点脱颖而出。千姿百态的展馆，摩肩接踵的人群，赏心悦目的表演，各具特色的文化，这里不仅有科技和文化，也有欢乐和惊喜，更有和睦与包容。

此时的上海，高楼大厦，鳞次栉比，万千灯火与满天繁星交相辉映。从1910年到2010年，短短百年间，一条东方巨龙再次以不卑不亢、不骄不躁，以豁达坦荡，包容开放的姿态，腾飞于天际。

世界还是那个世界，中国已不是那个中国，如果奇迹有颜色，那一定是中国红。

---

① 第一篇日记改编自晚清小说家薛士谔的《新中国》，其在小说中描写了他幻想中百年后的上海，并预言了上海将举办世博会。

诸君，且听龙吟！

2010.10.31　湘大日报

愿以吾血浇吾土，换山河永固

前面又冻死了一个人，他浑身落满了雪，靠着一棵光秃秃的树坐着，一动也不动。半截旱烟还夹在手中，烟火已被风雪打灭，单薄破旧的衣服紧紧贴在他的身上。

今天又是在不停地前进，敌人随时可能发动袭击。彻骨的寒冷早已穿透了棉衣，早上吃的几颗豆子已不足以支撑我的身体，弹夹里也只剩下寥寥几颗子弹。寒冷，饥饿，伤痛，无不在攻击我的意志。但我必须要坚持下去，只要心中的火苗没有熄灭，我相信，星星之火终可燎原！终有一天，祖国将再次强大起来，我的后辈将不再生活在战争中，他们有着穿不破的棉衣，吃不完的粮食，虽然我可能见不到那一天，但这是每一个中国人的梦，每个人都会为实现这个梦努力前行。

1935 年冬　记长征过雪山①

飞机再也不用飞两遍了，这盛世，如您所愿

今天是中华人民共和国成立 70 周年，全家都准时围在电视机前观看阅兵。伴随着《义勇军进行曲》在天安门广场响彻，鲜艳的五星红旗如一束燃烧的火焰缓缓升上天空。湛蓝的海军如深邃宽广的大海威严雄伟，墨绿的陆军如棵棵挺拔的青松坚毅顽强，洁白的空军如翱翔的飞鸟勇敢无畏。一辆辆坦克、步战车、

---

① 第三篇日记改写自小说《军需处长》。

装甲车，一门门榴弹炮、滑膛炮、火箭炮整齐地驶过。

作为新时代的中国人，感受到了中华民族伟大复兴的脚步越走越坚定。饱经战火沧桑与落后苦难的中国人民终于站起来了。我们年轻的共和国，像一个迎着朝阳奔跑的青年，敢问天地试锋芒，披荆斩棘无人挡。实现中华民族伟大复兴是每一个中国人的梦，每个中国人都在为这个梦想而努力奋斗。

国家有力量，民族有希望，人民有信仰。中国，未来可期！

2019. 10. 01　记国庆阅兵

当你不能回家时，家为你而来

接连的炮火在耳边炸响，也门的港口挤满了各国各地翘首期盼能快点离开的人。连日的空袭让此时的等待变得格外漫长，恐惧和绝望在空气中蔓延。“那有一艘船！”一声惊喜的声音。远远地，我看见一艘威武的战舰正在驶来，舰身上的五星红旗是那样明亮鲜艳。“中国海军来接你们回家！”人群中爆发出激动的欢呼声，战舰停靠，武警官兵顷刻拉起防线，组织撤离。短短几分钟内，登舰开始，每个中国公民手上都举着一面五星红旗。不到一个小时，所有的华侨撤离完毕，战舰向着祖国的方向行进。

我爱我的国家，因为我知道，我的国家也爱着我。

2015. 03. 30　也门滞留公民记①

中国，总是被他们之中最勇敢的人保护得很好

新冠肺炎疫情来得猝不及防，我和许多人一样尽量减少出

---

① 第五篇日记背景为2015年也门撤侨。

门，逃避着未知的恐惧。此时，工作群里发出了支援武汉的通知。虽然害怕，但我还是踏上了去往武汉的路程，因为我是一名护士。巴士上，隔着玻璃看着眼前的城市，开始发呆。华灯初上却不见人群往来，街道宽敞却不见车水马龙，这和我印象中那个繁华喧闹的武汉不一样。阳光正好的初春，本应该万物复苏，欣欣向荣，可这座城市却因疫情而沉寂。

然而，这是一座英雄的城市，人民更是英雄的人民。司机、医护、工人、志愿者、厨师……每一个平凡的人都在竭尽所能为这个城市献出一份力。他们乐观向上，众志成城，在病毒面前，这座城市从未屈服。

我想，这座城市里，一直有一群人和我们一样，他们默默奉献出自己的力量，不计较利益得失，不计较生命是否终止，他们无所畏惧，他们风雨无阻。正是这些平凡的普通人用自己单薄的身影，挑起了中国的脊梁。

2020.03.23　武汉抗疫日记

（本文作者为湘潭大学机械工程学院2019级材料成型及控制工程2班本科生）

陈玉兰

杨卓林

（一）

宁城是个祥和的小城。

很多年前陈玉兰刚嫁到这里的时候，她这样想。

1949 年，陈玉兰 21 岁，嫁给了解放军杨振东。21 岁前她是朱桥镇莲山村人，21 岁后是宁城镇大田村人。

当时建国已经在筹备当中，全国各地都在高呼和平万岁、人民万岁。仗打完了，大家期待已久的和平也终于来了。那时候的宁城，早晨是恬静的。小镇里雾霭朦胧，路边微凉河水清澈见底，澄蓝如镜，映得远处山翠水碧，映出小镇周围水墨画般朦胧的一切。不见高楼不见车驾，只有袅袅的炊烟和早起的农人吆喝着家里的牛儿。这样的环境里，陈玉兰却只过了半年静谧的光阴。杨振东退伍之后养家糊口靠两样：种地和做红薯粉。陈玉兰跟着种地，也跟着做红薯粉。两口子就这样勤勤恳恳，早起晚归却充实满足。闲下来的时候，他们也会不由自主地畅想日后的生活将会如何如何，眉间眼角不经意地挂满了笑意与幸福。

转眼就是1950年。陈玉兰22岁，杨振东26岁。这年，朝鲜战争爆发了，国家号召青年入伍作战。

退伍兵杨振东纠结了。换成几年前的那个他，二话不说穿起军装扛起枪杆就该奔赴战场了。可是他望着身旁坐着望着自己的陈玉兰，眼神满是担心。自己一走不要紧，陈玉兰怎么办呢？

陈玉兰看着杨振东对视而来的目光，似乎看出了他的顾虑。但是她只是轻轻说道："去吧，我在家里面等你回来。"

杨振东点点头，咬了咬嘴唇，想说什么却没开口。

"想什么呢？"

"我只是在想，要是……一去不回……"

"那便一去不回。"陈玉兰起身，轻轻抱住了丈夫的腰身，附在他的耳侧再微微开口，"不然就早点回。"

说完，她扭头去了后院，收拾红薯粉。杨振东叹了口气，定了定眼神，坚定地出了门。

（二）

这一仗似乎打得格外久。

陈玉兰有时候也会在夜晚被噩梦惊醒，然后傻傻地倚靠在窗棂上看着月色，想着朝鲜那边的杨振东。附近十里八乡，这些时日总是传来不幸的消息，往往连带着陈玉兰的心也跟着一揪。她有些后悔，怎么当初毫不犹豫地让杨振东去了朝鲜。

她又不自觉地想起他们一起畅想过的未来。那些原本看起来能在和平年代轻而易举实现的愿望，现在看起来却步步艰难。想到这，她叹了口气，听镇上的先生们说，和平年代只能是在国家强大军事力量的保护下才可能实现的。要是这一仗打得漂亮，就可以给那些窥伺而动的国家一个狠狠的教训，那想必，和平年代也就不远了吧。

“雄赳赳，气昂昂，跨过鸭绿江……”陈玉兰唱起了这首最近传唱度很高的《中国人民志愿军战歌》，情绪不自觉又高昂起来。她对自己说，对呀！我们连十四年抗战那么艰苦的条件，不还是众志成城地扛过来了吗？之前听杨振东讲过红军二万五长征、走雪山踩草地，那时候的自己想着的可不就是咱们解放军是不可战胜的！陈玉兰的心情一下子好了起来，想到解放军的身影，她有点担心和惊慌的心也就慢慢平静下来了。

杨振东，快回来呀！陈玉兰倚靠在窗棂上看着月色，心里越想越放松，嘴角勾起一个弯曲弧度。

（三）

朝鲜战争终究还是结束了。

果然不出陈玉兰意料，中国人民解放军顽强的身影并没有被打倒，并取得了战争的最终胜利，杨振东也回来了。

陈玉兰望着出现在家门口，胸前挂着大红花的丈夫，很想装出送他出发时候那一副淡然自若的样子，可是眼泪不受控制地夺眶而出，她猛地扑到他的怀里，只是捶他的胸口，也不说话。

杨振东抱住她，也在笑，可是眼底也在泛着泪花。

“我回来啦。”

“……知道啦。”

“红薯粉做的还好吗？”

“好呀。”

那年二十五岁的陈玉兰跟着二十九岁解甲归田的杨振东，依旧在自己家老宅生活着，养家糊口还是靠那两样：种地和做红薯粉。

（四）

眨眼一年又一年。

每年除夕，陈玉兰会把放了一年的红薯糊置在大锅里煮熟，舀出来打好，冷水里趟一下，提出来晾在席上……红薯粉做法没变，变的是以前做红薯粉是过日子，现在做红薯粉是过好日子。

杨振东早早地熬好一锅玉米糊，早早地放一摞韭菜煎饼，早早地把晒干的粉皮扎成捆。陈玉兰早晨起来，喝一碗玉米糊，吃一个煎饼，坐在院子里的摇椅上拍着蒲扇，等着儿女们归来。

“和平年代好啊。”九十二岁的陈玉兰心想。微微地，她露出笑容。每当孙儿孙女们以及更小的小辈要来，陈玉兰穿衣服时，就在自个兜里塞几块麦芽糖。穿好衣服的陈玉兰坐在院里晒太阳，怡然自得，可一见小孩来了，精神即刻活跃许多，伸手摸兜去拿麦芽糖。给孩子糖吃，是陈玉兰最高兴的时候。

村委会的广播还在播报：“为实现中华民族伟大复兴而不懈奋斗……”这些如沐春风的画面，都是陈玉兰脑海中出现过的，而今一一成为现实。而这些，都是国家国防力量的强大才能带来的和平的保障。

2020 年，我和蔼的祖奶奶陈玉兰，这年九十二岁。

（本文作者为湘潭大学土木工程与力学学院 2018 级土木工程 6 班本科生）

忆赤血年华　铸时代新魂

陈瑞祥

革命篇

晚清锁国，闭关为壑，自矜皇帑充栋不籍外夷。
英法觊觎，执箬无名，假借鸦片障蔽武攻中华。
欧美篾德，强邻蹂躏，疮痍满目以致危急存亡！
肉食者鄙，脔割山河，安居庙堂殿陛不恤奴辱。
辛亥揭竿，翻覆帝制，民主共和辉映神州苍莽。
北洋夺泥，怨痛溢道，跳踉秽丑焉复汉唐之隆？
五四义愤，挥斥方遒，经纬兴亡仰赖黔黎庶民。
我党渺躬，陋室扁舟，开天辟地仁周华夏乾坤。
执手奋厥，定乱诸侯，宁汉利禄致使挞伐嵯峨。
豫章春雷，燎原星火，乾符贻误暂堕闽赣草野。
漓湘红透，乌水横渡，遵义改弦扶佑工农革命。
赤河游击，金沙白衣，伟人密筹跳脱环伺剑履。

濛沫浊浪，泸定寒索，频年苦斗而泯肃杀狡谋。
岷山皑雪，松潘遐荒，备历方割以启三军开朗。
倭贼荼毒，鹃啼猿哀，敌后勠力共济抗战艰虞。
亿兆孺慕，咸与宾从，十四载鱼水情为公捐私。
尽辔逐鹿，铁甲过江，旌旞驭宇涤荡遗孽穷寇。
四方既平，虎拜中华，民釐圭瓒洽庆寰区献瑞。
干戈寥落，百废待举，众志成城整饬金瓯统绪。

建设篇

己丑缵膺，燕京变号，炎黄后裔群策新华纲维。
三大改造，一五计划，创业未半雠敌传风煽火。
兴兵喋血，劳师袭远，假途灭虢妄欲凌迟中夏。
琉台封喉，铁幕绵亘，美帝伪作希图分崩禹迹。
黑云压城，唇亡齿寒，雄赳气昂声满异域比邻。
朝鲜厉卒，越南秣马，良将劲弩御侮而固邦宁。
廉颇存息，精忠归渡，边塞埋骨两弹泽披桑梓。
吴钩带锦，勇貔砥砺，威棱震詟维翰民族光复。
春风送暖，东南鹏举，改革开放蕃昌国防科工。
长征陟穹，天宫问桂，持节乘风腾踔昆仑玉阙。
姮娥奔月，墨翟骧辰，秉炬凌烟鹰扬崆峒琼楼。
蛟龙入海，雪龙破冰，百舸俱奋遨游五洲四洋。
神舟悬绳，北斗规距，千帆飞虹欲晓宇宙东方。
月有阴晴，祸福旦夕，人民军队力挽千钧疲敝。
非典汹汹，新冠滔滔，生生俱损乃至颛民萎靡。

扁鹊回春，华佗再世，受命六物驰援垓埏解疾。
洪流汤汤，波澜洸洸，霍霍疆埸以至尧咨舜嗟。
戊寅筑堤，庚子束水，化身鲧禹重塑河川秀丽。
肝胆相照，彝伦攸叙，子弟兵敢叫天地换容颜！

新时代篇

势局更张，屑瑶飘絮，正道沧桑恍若缥缈白翳。
贪惏无餍，忿戾无期，花旗偃蹇叱咤山陬海噬。
腥膻积非，薰草重燃，朋同阋异阻遏华祀胄衍。
先代殷鉴，言犹在耳，犯难图远方致文明无量。
中共竭虑，整军经武，歧路曲巷焉使率土沦胥？
居安思危，备豫不虞，振旗鸣角不畏霸权胁迫。
听党指挥，能打胜仗，作风优良永葆轩辕福祚。
深垒固壁，钺翥镬翔，武阜军强惠沐编伍氓隶。
东溟竞空，南沙争流，马革阖棺矢卫苍畛长乐。
爱国儿郎，脊梁英才，意气蓬勃当缅立业坚苦。
睿知四部，昭示必亲，识践相友以达博学笃行。
铭刻箴言，恭省素念，懋著修仪而致盛德日新。
万里播迁，新华肇造，疆圉辑睦敬崇忠良幽赞。
百年嫕婉，鸿勋岁登，黍稷无秕贞怀羹墙蒙庥。
莘莘学人，浩浩正气，感怀贤烈，承前徽猷绩。
青青子衿，悠悠我心，梦回连营，点沙场秋兵。
巍巍韶峰，迢迢湘水，斗转星移，看今朝新秀。
嗟乎！壮哉！

生做人杰，死亦鬼雄，为报功之隽志而善黾勉。

牢记使命，勿谖初愿，为崛起之中华而沥精诚。

（本文作者为湘潭大学公共管理学院 2020 级图书情报与档案管理硕士研究生）

第五篇
军魂军人，强国强军

“愿得此身长报国，何须生入玉门关。”有一群人，他们有着钢铁意志，也有似水柔情，他们是边境上的雄伟城墙，是沙漠中的郁郁松柏，是洪水下的坚固堤坝。他们是一个，因为他们有着共同的名字——中国军人；他们也是千千万万，因为那是一个个中华儿郎。他们将自己的青春奉献给国家，华夏大地上激荡着的是他们的铮铮誓言，让我们共同看见这一群最可爱的人。

磨不灭的军魂

韩一凡

回望

日军的轰炸机还在头顶盘旋，人们的哭声伴着恐惧如潮水肆意奔涌，你怕吗，心痛吗，敢反抗吗？上海租界“中国人与狗不得入内”的标牌赫然醒目，你恨吗，愤怒吗，想站起来吗？

你的回答毅然决然：“当然，愿拼热血卫吾华！”于是海内外男女老少，云集响应，共同铸成了一道坚不可摧的钢铁长城，火红的太阳在地平线下悄然张望。

你在黑暗中摸索，像猎鹰一样战斗，用头颅抵住枪口，用胸膛迎接刺刀，用身躯挑战烈火，冲锋陷阵，前仆后继，哪怕灰飞烟灭，尸骨无存。

黎明划破夜的喧嚣，第一缕阳光映照的是江山如血，残尸遍野。然后，一个庄严的声音宣告中华人民共和国成立，鲜红的五星红旗在天安门广场飘扬，人民欢呼沸腾，歌舞升平。如今，港澳早已回归，一个东方雄狮正与世界激烈竞逐，身居前列，你终于可以在黄土下安息。

有人说，时光像一条长河，无风起浪，暗潮汹涌，磨灭信仰，磨掉激情。可是，你用鲜血与白骨构筑起中华历史的河床，厚重坚实、牢不可摧。于是啊，时光也有了软肋——它永远磨不灭你坚韧的风骨，哪怕沧海桑田，宇宙洪荒。

青山何其所幸，埋下铮铮铁骨，军人虽已殉国，魂魄仍佑疆土。正如屈原在《国殇》中所写："诚既勇兮又以武，终刚强兮不可凌。身既死兮神以灵，魂魄毅兮为鬼雄。"你曾励一身志，于苦难中站起，用鲜血愈合民族的伤口，然后离去，留下永不磨灭的风骨，叫作军魂。

守望

对青年大学生来说，军训应该是体验军营生活最好的机会。十五天的军训过得很慢，我们曾顶着烈日汗流浃背，也曾迎着冷风瑟瑟发抖；十五天的军训过得也很快，太多的笑与泪在风起沙扬的第三田径场匆匆而过，无论如何挽留，最终化成难忘的回忆。

我们的教官，有的去过真正的军营历练，但大部分是从模拟营出来的学长学姐，他们大不了我们多少，但言行举止文明得体，应对突发状况老练成熟，仿佛身上早已浸润了真正军人的风骨。

这让我对军人更加崇敬。有句话这么说，如果你觉得很安全，那是有很多人在为你保驾护航，无论是远在海外的维和部队，还是寸土必守的戍边战士，抑或我们身边抗洪救灾的人民子弟兵，他们为了你和我更强的安全感而不懈努力，甚至奉献生命。谁不想过普通人的生活，生儿育女，喜乐无忧，可是他们为了能让更多人过上这种生活，选择了牺牲自己来守护人民。我们是否也应该守护他们，网络上少一些质疑、造谣和抹黑，多一些宽容、赞美和感恩。

与此同时，我们不要忘记那些从战火纷飞的岁月走出来的老兵们。相信九三阅兵时，那支老兵队伍惊艳了世界。他们精神矍铄，隔着镜头向世界敬礼，刚毅与肖然刻在皱纹间，感人无数。也就是在九三阅兵时，我们看到了老兵，他们虽然已至耄耋之年，更多已经辞世，但他们的人格价值将永存于世。

作为中国青年，我们有责任把老兵们的精神传承下去，让中国军魂长留人间。

展望

2017 年是中国人民解放军建军 90 周年。2015 年阅兵时，本着平衡世界军事力量和维护世界和平的目的，我国宣布裁军三十万，军队由数量规模型向质量效能型转变，编成更加精干科学的队伍。为激发军队活力和战斗力，我国积极进行军事体制改革，调整划设五大战区，建立联合作战体系。十九大后，建立一支攻必克、守必固的人民军队已是迫在眉睫。我相信，在党的正确领导下，这样的军队指日可待，强国强军的目标近在眼前。

我们比历史上任何时期都更接近中华民族伟大复兴的目标。民族兴则青年兴，其实道理反过来一样，青年兴则民族兴，青年兴则中国兴。青年与国家从来都紧密相连，彼此助推。还是那句话，你所站立的地方，就是你的中国。你怎么样，中国便怎么样，你是什么，中国便是什么，你有光明，中国便不再黑暗。当青年人坚定理想，坚守信念，把个人成长置于强国强军梦的大背景时，中国便有源源不断的力量继续向前。

结语

知其所来，识其所在，才能明其所往。回顾过去，以身殉国的战士闯下一片天；立足现在，无私奉献的军人冲在第一线；展望未来，文明强大的中国军队必将肩负起和平的使命走向世界。正如习近平总书记所讲："一个有希望的民族不能没有英雄，一个有前途的国家不能没有先锋。"不容否认，中国军人是历史的英雄，是时代的先锋。我们青年一定要了解军史，守望军魂，拥护人民军队，不辜负他们拼命的付出与牺牲。

军装、军旗，经过百年时光的磨洗，历久弥新；军人、军徽，历经百年岁月的磨炼，更加坚韧。磨不灭的军魂，让中华民族屹立不倒，雄踞东方！

（本文作者为湘潭大学公共管理学院2017级图书馆学1班本科生，现为北京师范大学在读硕士）

军·君

——致敬中国君子与中国强军

蒋丽玲

你是青山中的松竹，
坚劲如你任东西南北风；
你是险壁间的幽兰，
毅韧似你忍山滚石裂痛；
你是花中君子，
清逸洒脱不畏难；
你是人中君子，
为国为家保人民。

像九月的天，
又像慢煨的咖啡，
我们相遇又相知，
体验着不一样的味道。

冷与暖交织并存，
苦与甘留恋不止，
忧与喜缠绕心头。
你更像散落人间的天使，
奉以柔，
赐以刚，
刚柔并济，
心心相系。

身负使命，
肩扛责任。
闯过棘林，
跨过险滩。

你，来到我们身边，
一同而来的，
还有你身后，
听党指挥，
能打胜仗，
作风优良，
这样强大的人民军队啊！

是军人，
是君子，
是亲人，

你们是最可爱的人！

（本文作者为湘潭大学机械工程学院2017级材料成型及控制工程3班本科生）

踏歌而行

袁　鹏

公元前 227 年，易水河畔

落叶无声，一片萧索，在场之人皆素服裹身。白衣胜雪，芳草萋萋。茫茫白雾中只闻击筑之声，期间断断续续传来几句似有似无的人声。

“壮士，此去欲何？”

“杀秦王，救燕国。”

“若一去不回？”

“便一去不回！”

“既不能与兄同往，那小弟唯为兄，歌一曲！风萧萧兮易水寒，壮士一去兮不复还！”

歌声中，马车渐远，身影模糊……

公元 1126 年，金兵包围开封

“母亲，我要去投军，金兵已临城下了。”

“痴儿，朝廷已见败像，你去又有何用?”

“母亲！兴亡在此一役，岂能辞絷缧，请让我奋力一搏。”

“也罢，既你去意已决，那我也不便拦你。为娘送你四字，你日后定要牢牢记住。”

汗水不断从他脸颊划过，脸色十分痛楚，母亲望着他背上“精忠报国”一笔一画地浮现，神色越发坚毅。至此一别，20 岁的岳飞开始了他十几年的戎马生涯。三十功名尘与土，八千里路云和月，成了他一生的写照，流传千古。

公元 1210 年，陆家老宅

冬月初乍，风雨大作，垂老病卧孤村里。往事浮稀，伴梦而来。滚滚硝烟边关尤见轮台城，绝域苍茫之中老翁走上城墙。

“将军，此战何休，疆土何还?”

“今奸佞当道，关山难解围。”

“若铁骑踏破?”

“便踏破铁骑!”

“难与将军候国复，只留放翁梦中景！夜阑卧听风吹雨，铁马冰河入梦来!”抱憾数十载王师难定中原，只叹一句“放翁愿难如，轮台已易主!”

公元 2015 年，新生军训

新体楼下，烈日灼灼。从楼上往下看，一块又一块的“小绿人”傻傻地走来走去，整整齐齐，四四方方。

“当当当当，当当当当当。”音乐声中一段对话传入耳中。

“教官，军训真的好苦，好累。”

“嗯，我知道。”

“那我们为什么要军训呢？”

“为什么？为了你们能有良好的纪律性、意志力；为了让你洗去三个多月的懒散；更是为了要成为一名合格的大学生，也要成为一名合格的后备军。必要时刻我们每一个人都可以是一名国防战士！”

至今听到这个旋律，仍会不由自主地踏起正步，只为心底那一个军人梦！

闭上眼睛，仔细聆听，一首接一首的歌曲在我脑海里回荡，或悲壮，或激昂，或铿锵。但无不希望自己的国家有一支强健的军队，弱小是一个民族的悲哀。在我们中国人民解放军建军90周年之际，我想对他们说：“谢谢你们，我们也愿献出自己的一份力量，向你们致敬。”

我愿踏歌，渐渐远行！

（本文作者为湘潭大学机械工程学院2015级过程装备与控制工程2班本科生，现为郑州大学在读研究生）

与先辈的一次对话

宋　鑫

10 月，酷暑早已收敛，秋风带下落叶，轻放在田径场旁的小路上。地面微微震动，远处传来口号的阵阵回声。那一列列精神抖擞的，步伐整齐的，不是士兵，却带着士兵一般的威严的，是正在参与大一军训的我们。

你问："军训累吗?"我们从心底里回答，累，累到浑身酸痛，甚至累到坚持不住而倒下。

你笑了，你带着我们回到 90 多年前。

夜已深。我们眺望南昌城头。亮光闪过。寂静的郊外回荡着噼啪的响声。风云一如往常从头顶掠过，黎明的晨光穿破云层洒在你身上。但此时此刻，你的内心绝不平静，带着悲愤，带着希望——遭遇反动派屠杀的你们，打响了反抗的第一枪!

1927 年 8 月 1 日，一支人民的军队，正式诞生了。

你微笑着，转身向前漫步。

身后，无数的武器装备散落一地，前方，是一支望不到边的长队。顺着它蜿蜒前行，一股潮湿闷热的气息扑面而来。你的额头渗出汗珠，眉头紧锁。是因为环境恶劣吗？你摇头。下方，那支长队已经散成了稀疏的一线。泥沼中，依稀可辨一些人影。草地上，有人低头四处搜寻野菜，有人蹒跚前行，有人躺着，再也不动了。你的眼眶湿润了。但你坚定地望向前方：山脉之间，会师成功的旗帜在风中飘扬。

有人叫嚣："你们是走向深渊，走向死亡！"

你只是抬头高唱："雄关漫道真如铁，而今迈步从头越！"

你又问："军训累，你们还能坚持下去吗？"我们绷直了双腿，紧了紧贴在身旁的双臂。

你点点头。我们却心存疑问，军训只是为了磨炼意志么？

你不说话，继续前进。

红光弥散开来，国歌渐渐升调。数百辆各式装备车辆徐徐驶过天安门前，浩浩荡荡，扬起漫天黄沙。这是你们的第一次阅兵。火炮是用马拉着的，大多装备是缴获而非自主研制的，27 架飞机有 9 架其实飞了两遍。即便如此，你我的胸腔中尽是期待与自豪！这是新中国成立以来的第一次阅兵，即使那时的军队不够强大，你们仍然向世界展示出前所未有的威慑力，让中国能鼎力一方。

你问："我们为什么要阅兵？"我们似懂非懂。

红光散去，紧接着是黑压压的雾霭。眼前是中国驻南斯拉夫联盟大使馆的残骸，三名中国记者在轰炸中身亡，数十人受伤。有谁在声嘶力竭地控诉，有谁在失声痛哭。可是我们无能为力——国不强，拿什么来保护我们的人民？

南海上，点点船只正在进行紧张的搜救。美军一架侦察机闯入中国领空，与中国战机相撞，迫降在中国领土上。81194，这个编号，连同它的主人——王伟，一同沉入了南海。

实验室的灯灭得越来越晚，训练场的炮声越来越频繁，离开亲人、销声匿迹的人越来越多……

2017 年 7 月 30 日，我们举行了一次特别的阅兵。没有队列方阵，没有齐步正步行进，因为我们的目的不是表演队列有多么整齐好看，而是展现出中国军队的实战能力。

你看见了吗？上百台车辆装备，全由中国自主研发；数个飞行编队，100 多架战机，再也不用重复飞行取巧凑数了；你看见了吗？那些舰载机属于我们的航母，是的，我们有航母了，再也没人敢在南海挑衅了；你知道吗？我们不会再被人欺负了，我们为来往索马里的商船护航，我们将同胞们从局势动荡的也门撤离，我们能保护自己了！

回首时，你却不在了。你在长亭坐下，远远地看着我们，会心地笑了。

10 月，我们重振精神，整理好着装，以最富有朝气的神态，完成了分列式。军训的所有坚持与付出，不仅仅锻炼了我们的意志、纪律和团队意识，更是为了这一刻，所有人都能看到我们昂扬的气势，坚毅的决心！

阅兵的目的也就在此——告诉全世界，“我们的英雄军队有信心、有能力打败一切来犯之敌！我们的英雄军队有信心、有能力维护国家主权、安全、发展利益！我们的英雄军队有信心、有能力谱写强军事业新篇章，为实现‘两个一百年’奋斗目标、为实现中华民族伟大复兴的中国梦、为维护世界和平作出更大的贡献！”

今天，我们仍将不忘初心，继续前进!

（本文作者为湘潭大学土木工程与力学学院2018级土木工程3班本科生）

我的军旅梦

魏晋之

“我是中国人民解放军军人，我宣誓：服从中国共产党的领导，全心全意为人民服务，服从命令，忠于职守，严守纪律，保守秘密，英勇顽强，不怕牺牲，苦练杀敌本领，时刻准备战斗，绝不叛离军队，誓死保卫祖国。”

绝不叛离军队，誓死保卫祖国。

那时的我还不是军人，但在旁边，听得眼泪都要流出来了。

一年之前，我妈想让我放弃为报考军校而复读的想法，把我送到了武警警官学院参加体验训练。让她没想到的是，艰苦的训练反而让她的儿子更加坚定了想法。

而现在的我，也不是军人，只是参加了军训的普通人。为期2周的湘大军训一结束，淅淅沥沥的冷雨就落了下来，仿佛是在洗刷关于过去的痕迹。而在天气完全凉起来我把“军装”捐出去前，还是留下了那一对仿制的红色肩章，并把它们和去年这个时候获得的军校的学员章放在一起，连同我那个做了19年的军旅梦，暂时锁起来了。

在我复读的307天里，从未怀疑过第二次考军校会失败。所以，我所能想到的军训理所应当是充满着硝烟的味道和泥水的粘腻。就如同我在那些军队院校所看到的那样：艰辛、痛苦，却又充满了希望。

可是，命运有的时候就是这样喜欢捉弄人。在2018年，我最终穿上的，是一身军训专用的迷彩服，而那个肩头上有一道杠的少年却是别人。

是啊，别人也经常问我，你为什么那么想去军校呢？部队有什么好呢，值得你这么爱吗？每次我听到这些，都对别人的回答不置可否。对于那些所谓的“好处”，我一点儿都没有兴趣，我爱的，从来就是那身戎装的内涵，因为它代表了责任和荣誉。军人是靠荣誉感而活的英雄，戎装和军衔就是军人的象征。我以国家利益至上、人民利益至上、民族利益至上的原则，加入解放军，和战友们并肩战斗，守护国家就是我的爱。为此，我愿意付出我的一切。

不是每个人都能够如愿的，但这并不妨碍我拥有梦：在第二田径场飞扬的尘土中，我眯起双眼，想象自己是红海之滨穿越沙漠的维和步兵；在南方突至的大雨里，我从玻璃房里的舞台跳下来，仿佛是行进在水田中的15式轻型坦克的车长；在俱乐部练合唱的一个半小时内，我以军姿凝视着对面逸夫楼的光，好像是一名执勤武警在守护着万家灯火。

在本次军训中，唯一一次梦和现实的短暂重叠就是打靶的时候。我卧倒，我瞄准，一切都和我曾熟悉的一样，我看着三号靶标，像看着千军万马；我摸着她的护木，光溜溜烫呼呼的，像摸着女孩子的手心；我偷偷摸着她的机匣是铣削的还是冲压的，以及冲压机匣的铆钉连接方式来判断这把56式冲锋枪的批次，就像你去从一个人的细节去猜测她的年龄；我闻到淡淡却又迷人的硝烟味，像一个痴情的人迷恋她的香味；我听见枪声响起，我不只听见枪声，还有风扯开树林零碎的影子的声音，城市烧焦后稀疏的噼啪声，战壕里的窃窃私语，活人的哀嚎与叹息，我听见柴油发动机悦耳的轰鸣声，听见战舰和机群在转场的阵阵呼唤……

可是，即使手里握着她，还是会害怕的吧？

害怕又怎样呢，如果我是士兵，我的身后就是祖国，我必须义无反顾地发起冲锋，哪怕我的军旅梦永远也没有成真的那一天。

每当我见到穿军装的人，都仿佛又回到了6月27日的那个下午，原成都军区总医院，当复查的军医最后一次明确告诉我，我的手很容易受伤，不适合服役，而且今年我连非指挥专业的水平都达不到的时候，一名得知我为了军校而复读的军官很奇怪，问："你为什么就那么执着于读军校呢？军队不是浪漫的地方，将来你可能会被分配到最艰苦的地方，高原沙漠，流血掉肉，随时面临死亡，也没有多少人会记住你。同时，你还不得不放弃地方大学里同龄人所享有的许多东西，比如自由，爱情，假期，安逸，你真的愿……"

我感觉我的眼泪都要流出来了。

"我愿意。"

（本文作者为湘潭大学马克思主义学院2018级中国共产党历史1班本科生）

八一军旗下的洗礼

肖名君

烈日下，微风中，八一军旗迎风扬；练兵场、秋点兵，八一帽徽往上昂；歌声亮、纪律明，个个身着迷彩装。“向右看，正步走……”嘹亮的口令回荡在脑海，久久不能褪去。

2018级新生军训正在如火如荼地进行中，写满铁血荣光的红旗，飘扬在美丽的湘大校园内，构成了金秋九月湘大最靓丽的一道风景；明年六月就要挥手告别湘大的我已历经了湘大四次军训，可到现在每当看到招展的红旗，还是能让我内心翻滚起壮阔的波澜。

我恋军训千百度，只源于我对八一军旗无比的痴迷；对八一军旗下伟岸的解放军战士无比的崇尚；对八一军旗上的如山重任无比的尊重。“八一军旗下的战士与天斗与地斗与人斗，持枪戍守边疆，保卫着祖国的每一寸土地不被侵犯……”一幕幕感人的镜头，很小的时候就在我心灵上种下了一颗军人情结的种子。清晰记得三年前在美丽的湘大，在丹桂飘香的季节，我迎来了人生中第一次真正的军训，给我心中那颗军人情结的种子带来了甘露，我极度享受着这 15 天的洗礼。“军人，站着是一面旗帜，倒下便是一座丰碑”。15 天在八一军旗下的洗礼，惆怅与欢笑并存，我们收获友谊；15 天在八一军旗下的洗礼，歌声与汗水同在，我们得到了成长；15 天在八一军旗下的洗礼，黝黑的肤色是洗礼之后的烙印，坚韧的心灵是洗礼之后风雨骄阳的馈赠。

军训是每个大学生的“第一堂课”，在“课堂”上磨炼我们顽强的意志，培养我们吃苦的精神，锤炼我们良好的品质。同时军训也是为实现中国梦强军梦凝聚强大的力量，传承中国人民解放军的红色基因血脉，铭记历史，不忘初心，强化爱国主义和牺牲精神。

骄阳下，汗水模糊了视线，在汗水的折射下我仿佛看到了 90 多年前正当大革命如火如荼的时候，国民党反动派却背叛了革命，背叛了人民，向中国共产党人和革命群众举起了血腥的屠刀。一时间，神州大地被笼罩在腥风血雨之中。在八月的第一天，随着南昌城头的第一声枪响，催生了一支全副武装的革命军队。从那天起，便有了燎原南北的薪火，八一军旗接连从全国各地飘扬起来，开启了新世界最神圣的武装斗争。

90 多年来，人民军队历经硝烟战火，一路披荆斩棘，浴火奋战，付出巨大牺牲，取得了一个又一个辉煌的胜利。从“五岭逶迤腾细浪，乌蒙磅礴走泥丸”的两万五千里长征，到“钟山风雨起苍黄，百万雄师过大江”的人民解放军占领南京，再到天安门城楼上毛主席向全世界宣告：“中华人民共和国中央人民政府成立了。”八一军旗下的战士英勇顽强、舍生取义、视死如归的军魂永远闪耀在华夏的山河，永远铭记在每一个华夏儿女的心中。

90余载艰辛探索，不懈努力，不断书写强国强军更为辉煌的新篇章，中国人民解放军已经发展成为一支机械化、信息化的人民军队。当建军90周年八一军旗在朱日和徐徐招展之际，新式战机翱翔于蔚蓝天际，各种顶尖武器装备集体亮剑，作为一名中国人的我深感自豪和骄傲。中国人民解放军已然成了人民民主专政的坚强柱石，成了捍卫国家主权和领土完整的钢铁长城，是全心全意为人民服务的子弟兵。

还记得在2015年的3月29日，承担撤侨重任的八一军旗首次飘扬在也门亚丁湾港口上空，对于此次中国实施的人道主义救援，获得了国际上的高度评价。八一军旗在哪升起，安全就能延伸到哪里，每个中国公民都能够放心地走到世界各地，因为我们背后有一个强大的国家，有一支强大的军队。

人民军队的历史辉煌，是巨大牺牲铸就的，永远值得我们铭记。

人民军队的历史精神，是鲜血生命守卫的，永远需要我们弘扬。

人民军队的历史发展，是忠诚担当推动的，永远激励我们前行。

感谢八一军旗下的洗礼铸就了我钢铁般意志，让我在大学四年不畏困难，努力拼搏，成功保研；感谢八一军旗下的洗礼强化了我的政治素养，让我成长为一名光荣的中共党员；感谢八一军旗下的洗礼增强了我的历史责任感，让我不忘初心，传承红色基因血脉，勇担中华民族伟大复兴的重任。

（本文作者为湘潭大学机械工程学院2015级机械设计制造及其自动化2班本科生，现工作单位为深圳市筑裕新科技发展有限公司）

尘封岁月中的变与不变

杨荣所

十月，是如此的热情，如此的不同寻常。烈日使人群低头前行，我穿过秋日的校园，看着那片片的军绿，记忆在深秋的操场上，在一群“迷彩服”涌出拱门时，悄然复归。呼号声不知响自哪一片天空，当与这人群交汇，我竟恍惚像做了个梦。这一切竟已过去很久。

明天就是十月一日了，是祖国成立70周年的日子。我想我该做什么呢？我手足无措，当掩上记忆之门，遮蔽那些不属于我的激情时，听见一首乐曲仿佛要把心房震裂，尽管它时隐时现。“我和我的祖国，一刻也不能分割，无论我走到哪里，都留下一首赞歌……我亲爱的祖国，我永远紧依着你的心窝……”。

翻开日记，时间并不久远，却又很远很远。那年离家远行，十月的天山早早戴上了雪帽，而我的内心是火热的，是的，火热的心来到火热的军营。那是青春与梦想的交汇，那是激情燃烧的岁月。而这才刚刚开始。

我来到一个英雄的部队，有着“艰苦奋斗，干惊天动地事；无私奉献，做隐姓埋名人”的传承。我想，在茫茫的戈壁上，塞外雄奇壮观的景色里，唯有挺拔坚毅的身影，才配得上“大漠孤烟直，长河落日圆”的壮阔底色吧！当我读到“举杯邀月，恕儿郎无情无义无孝；献身国防，为祖国尽职尽责尽忠”时被深深震撼了。这是军人的代价，更是军人的荣光。这是基地流传多年的对联，故事的主人公是一位军士长，在执行任务时，收到父亲病危的电报，一边是生命垂危的老父，一边是祖国交给的任务，他最终选择了后者。任务结束后，匆忙踏上回家的车，回到家中，病床上的父亲已日薄西山。祸不单行，老母亲因劳累过度也病倒在床。几天之后，他又接到紧急归队的电报，看着奄奄一息的父亲，年迈的母亲，他无法开口了。第二天，他含泪在大门上写下一副对联，“举杯邀月，恕儿郎无情无义无孝；献身国防，为祖国尽职尽责尽忠。”横批“忠孝难两全”。归队后几天就收到家中电报：“父故已葬，保重勿念。”那一刻他再也抑制不住内心的悲痛，嚎啕大哭。我第一次听到这里也潸然泪下。像这样的故事举不胜举，他们默默无声地奉献，不求回报，只是为着心中的信仰，为着对祖国的爱，甚至他们的名字都是假的，但祖国永远不会忘记。

在罗布泊的深处有一棵老榆树，大家都叫她“夫妻树”，据说当年一对夫妻分别领受了参加试验的任务，按照“上不告父母，下不示妻儿”的严格保密要求，他们各自隐瞒实情，把国家的机密装进远征的行囊。没有人知道到哪里去，没有人知道去干什么。他们从同一个地方出发，但却不知道肩负同一个使命，奔赴同一个方向。直到一天他们在一棵老榆树下偶遇，彼此心照不宣地相视一笑。张爱萍将军听到这个故事，称赞他们是祖国的好儿女，并将这棵树命名为“夫妻树”。我爱上了这个挺起民族脊梁，铸就国防盾牌的英雄部队。我多么自豪能为祖国献一份力。当抚摸那棵树的时候，她告诉我要信仰永恒，是啊！风沙吹不动心中的信仰，疲劳驱不散心中的激情，即使在夜深人静，仰望着边关冷月，我看到的是万家灯火。我想榆树根深，时光不老，信念永恒，大爱亦永恒！

一日为战士，终身是战士。虽然与曾经的军营相隔万里，但我与祖国始终血浓于水。记忆穿梭，斗转星移，亘古不变的是对祖国的忠诚与爱，祖国在心头灼热，军营在血液中燃烧。这一刻，我想走向十里长街，走进大阅兵的行列向祖国报到，想和您一起等待着五星红旗与朝霞一起缓缓升起。

（本文作者为湘潭大学碧泉书院·哲学与历史文化学院2017级哲学1班本科生，现为电子科技大学在读研究生）

光

梁　赞

（1942 年）

才拂晓，她就不安地睁开了眼睛，外面又响起了枪声！她捂住耳朵，但枪声还是一个劲地往指缝里钻。但她又为什么害怕呢？在这伸手不见五指的地窖，料想是谁都不会认为这里藏了人吧。就算发现了又怎么样呢，只不过像她爹一样被日本人枪毙罢了。

枪声逐渐停了。不知道谁又打赢了谁，只希望不是日本人赢了吧！她叹口气，也不管娘的呼喊声，开始壮着胆子猫腰走到地窖口前，深吸一口气，轻轻地打开了一条缝。光柔和地落在了她的脸上，太久不见光的她，本能地眯了眯眼。

“真是个好天气，算起来已经是秋天了。该去帮爹娘收谷子了呢！什么时候才能出去大大方方地站在这光里头呢。为什么我们会被别人欺负呢？是因为我们穷吗？”这些话，她一句也不敢说出口，闷着喉咙，她关上了门，离开了那道光。

（2019 年 10 月 1 日）

一大早，我无比兴奋地睁开眼睛，今天可是国庆 70 周年阅兵呢！欢欢喜喜地穿好军训服，拉开窗帘，光冲进屋子，我眯起了眼睛。

“真是个好天气！”我欢呼着，伸个懒腰，我和我的朋友向外走去，走时雀跃地关上了门，去迎接美好的阳光。

（1945 年 8 月 15 日）

她已经饿得不行了，地窖里的食物什么时候让人填不饱肚子的？她忘了。娘为了找食物已经很久没有回来了，是走了吗？真希望她是活着把我扔下走了，她想。

不知怎的，战火声最近已经渐渐停了，她下定决心离开地窖去找吃的。她漫无目的地走着，上回她是这么找到食物的呢。是人给的，当然不是日本人。

她停下来，看了看天，那天的天气和今天一样好呢，光很足很暖。那人穿着简陋的军装，很瘦，眼神里就像藏着太阳一样闪着光。他问她多大了，问她饿不饿，问她的爹娘还活着吗？

她早不会说话了。在心里低声回答道，十六了。之后便是点点头，又哭着狠狠地摇了摇头。他说：“没事，我们很快就赢了，咱们军队可厉害着呢。以后会好起来的。于是她得到了几块糙饼。”他说：“这里基本上没有日本人了，你也没有吃的穿的，跟我一起回营里吧。”他看着她狐疑的目光，爽朗地笑了起来：“我可是八路军！打鬼子的！不会害你。”她没有跟着他去营里，但他还是和她说了好多话。

她突然也想成为像他一样的军人。

她继续向前走去，突然有人拉住了她，原来是他！他眼睛还是一如既往地发着光，他说：“日本投降了。”她反应过来时，自己已经被人带到了军营中。她分到了几个馒头和一碗水。军营里每个人都笑得很开心，她也跟着咯咯地笑起来。

大家都散了，她也还痴痴站在那里。她勉勉强强地挤出来三个字：八路军。他问，怎么？想入伍？

她笑着点点头，用手比画着，我也想成为光。

（1949 年 10 月 1 日）

“同胞们，中华人民共和国中央人民政府今天成立了！”毛主席的声音铿锵落下，举国同欢。

方队整齐地走过，每个人的眼睛都在述说着快乐。她抬头，看见了飞机飞过。她问她的连长：“这是什么？”

连长答：“这是飞机，但我们飞机太少了，这几台得飞两遍才行。”

“我们就是飞机太少了才被人欺负的么？”

“不只如此，你要知道，要想国家不被人欺负，就要先强军！”

她低头轻轻地念着，国要强，必先强军。

（2019 年 10 月 1 日 9 点 20 分）

“阅兵只有四十分钟就开始了！听说有很多新式武器亮相呢。

不知道今年的方阵走得怎么样。”朋友说道。

“咱国家的哪次阅兵让我们失望过，哪次不是整齐划一，让人舒适？就是有了军队和武器，别的国家才对我们另眼相看呢。”我回答道。

“那必须的，强军才有强国。”

（1964 年—2019 年）

她再也不担心又过上地窖里不见光的日子了。每一次的阅兵都让她自豪，整齐的方阵，精锐的武器。时间带走了她的青春，国家的强大却让她的心更像个孩子——有着母亲保护的孩子，不必担忧战乱，不必担忧明天的孩子。

1964 年，原子弹的蘑菇云升起，她知道她离光明又近了一大步；1966 年的氢弹，1970 年发射的东方红一号，2010 年蛟龙号下潜！她终于明白，她活在了一个光明的时代。她很幸运，能够一直活到现在，一直见证着国家的变迁。

（2019 年 10 月 1 日）

一大早，她就穿上了简陋的军装，打开电视，坐在了躺椅上。她清楚，也许在今天，她就要告别了。

太阳光穿过窗，洒在她的身上。她笑起来，这光像哪一天的光呢？是地窖里，上天可怜我的那道光吗？还是他眼中的温柔的光？又或许是军队带给她的光？都像，但又都不像。毕竟，这是祖国 70 周年给她的光嘛。

啊！升国旗了，但她已经站不起来了。她感到万分愧疚，只好在躺椅上哼起国歌来。当第一个方阵走出时，她微笑地闭上了眼，永远地睡着了。

军强，国强，她可以安心地走了。

另一边，我们站起来，唱起了国歌。坐下后，第一个方阵开始出场，朋友忽然问我：“习主席那句话怎么说来着？”我回答道：“人民有信仰，民族有希望，国家有力量。”

（本文作者为湘潭大学自动化与电子信息学院2019级自动化2班本科生）

国之重器

卢家振

一家之重器，或为金银珠宝，或为楼宇车驾。一城之重器，或为城池营寨，或为高楼大厦。而一国之重器，你能想到什么？是繁华热闹的国际都市，还是威武庄严的飞机大炮？

经过这几天的军训，脑内渐渐明确了这个答案。对于一个国家而言，国之重器，其本质不是先进的技术、庞多的武器装备，而是一个国家的军人本身。人，才是决定一切最为关键的因素。一个国家可以凭借金钱，轻易地买到先进的武器装备。但是，优秀的军人，即便是用金山银山，也换不来的。印度从俄罗斯买了坦克，从英国买了航母，从美国买了 F16 战机，但是军队素质迟迟不见上升，就是因为忽略了军人本身的培养。

今天的军训较之昨天更为辛苦，汗水如同山涧的溪水一般，不断从指尖滴落在滚烫的地面上，瞬间挥发不见。我们尽力地模仿军人的站姿，军人的步伐，如同雏鸟有点笨拙地扇动娇小的翅膀。而这仅仅是在模仿而已，就已经让我们叫苦连天，挥汗如雨。真正军人所承受的，岂不更是我们的十倍、百倍？我们如果仅仅看到其苦的一面，而忽视其价值，就如空占了一座吉尔伽美什的宝库而视之如粪土。习近平总书记在建军 90 周年的讲话里表示：“天下并不太平，和平需要保卫。”保卫难道仅仅只靠那些军人吗？难道我们就不应该做点什么吗？

国虽大，好战必亡；天下虽安，忘战必危。一个国家若能拥有一支召之能来、来之能战、战之能胜的军队，便能稳若泰山，百战不殆。反观近代史，几乎就是一部战争史。战争，往往会成为达成国家目的的最终手段。可见，拥有一支优秀的军队，对于一个国家的意义有多么重大！2017 年正值建军九十周年，九十年的风风雨雨，我们的人民军队从尸山血海、高山巨谷中一路走来，在整个世界扬名立万、声振寰宇，靠的就是始终不变的中国军人骨子里的那股军魂。

军训，为的就是磨炼每一个中国年轻人的意志，为了让祖国未来的建设者与接班人，切身地去体会中国军人的军魂。或许就在我们之中，就会有人在未来成为一名军人。但无论我们将要身在何处，我们都会铭记，在我们背后，在整个国家背后，有这样一群人，为了整个民族和国家的繁荣安康，在负重前行。他们绝不愧为“国之重器”的称号。

“故其疾如风，其徐如林，侵掠如火，不动如山。”这是孙武在几千年前写下的兵书，拿到今天，依旧适用。从古到今，从 1927 年到今天，中国的军人一直都不断进步，一次又一次将强敌拒之门外。就如同宫廷大殿上的一尊巨大的青铜鼎，气吞山河，威震八方。

中华民族历史文化悠久灿烂，古代著名诗人王勃曾说：“穷且益坚，不坠青云之志。”这讲的是一种毅力，是一份坚持，是在困难境遇下的一种铿锵精神。当你拥有了这份坚持，培养了这种精神，自然不会畏惧生活与学习中的任何绊脚石，化难为易，“攻坚克难”便不再是一个空头口号。“锲而舍之，朽木不折；锲而不舍，金石可镂。”荀子所言极是。正所谓“滴水穿石”，在军训中，我们淌下的汗水定会为十五天后的日子灌溉出美丽之花，一份付出一份收获，我们现在一点一滴的付出，在不远的将来都会汇成头顶上那一束束七彩的阳光，温暖了眼底，照亮了心田。在烈日下所走的每一步都会为你铺就通往优秀之路的阶梯；所映下的身影会成就你们在阅兵场上令人难忘的飒爽英姿。坚持，恐怕是世间最强的力量。

莎士比亚说：“放弃时间的人，时间也会放弃他。”不能持之以恒的人必然无法得到时光的厚待。

作为一名大学生，高考的经历必是人生最难忘的回忆，那么，又是什么能支撑我们走过那段艰苦的日子，冲破层层困难，经历千百时长的磨炼？简单来说只有坚持二字。咬牙坚持坐在教室里，一遍遍重复背诵英语单词，熟记每一个公式定理，挣扎着弄懂每一道习题……

伴着月光入睡，迎着朝阳微笑，不曾放弃时间的人，最终都得到善待。我们在收到录取通知书的那一刻便欢呼雀跃，功夫不负有心人，时光不会放弃每一位在苦难中仍选择坚持的人！想当年，红军二万五千里长征，过草地，爬雪山，吃草根，饮雪水。正源于军人心中这种铿锵精神，不屈的毅力以及坚持的勇气，正是李大钊同志所说：“坚持到底就能胜利！”再回想旧民主主义革命时期，列强欺辱，军阀割据，中国成为半殖民地半封建社会，可是董必武曾发声："逆水行舟用力撑，一篙松劲退千寻。"只有对革命事业坚持不懈，才会取得最终的独立。孙中山先生也曾鼓励后辈之世"革命尚未成功，同志仍需努力！"小到生活中的每一件事，大到一个国家、一个民族，乃至全人类的持续发展进步，真是离不开坚持二字了。

最后，我想用建军 90 周年中"把我们这支英雄的人民军队建设成为世界一流军队"的目标来激励自己和一起军训的兄弟们。我相信经历过这次特别的国庆军训后，我们湘大学子的面貌会更好，未来的道路会更加辉煌灿烂。

我们要相信：数风流人物，还看今朝。

（本文作者为湘潭大学自动化与电子信息学院 2017 级自动化 1 班本科生，现为哈尔滨工程大学在读硕士）

后　记

2021年是中国共产党成立100周年，是“十四五”规划开局之年，又是开启全面建设社会主义现代化国家新征程起步之年。回望过去，筚路蓝缕，硕果累累；仰头前眺，砥砺前行，不忘初心。一代代青年人，为实现中华民族伟大复兴，前赴后继，勇往直前，挥斥方遒，将热血洒在这片红色的土地上，将精神镌刻在每个华夏儿女的心间。

习近平总书记考察湖南期间曾多次指出，湖南红色资源丰富，十步之内，必有芳草，要求我们从党的光辉历史中汲取砥砺奋进的精神力量。湘潭大学扎根伟人故里，牢记伟人嘱托，耕耘红色沃土，更应该正确引导青年学生永葆爱党爱国初心，勇担拥军优属使命。本书的编写正是在回应，是青年学子们发出的时代之声，是他们对爱国爱军、国家国防、军人军魂的思考与信仰。

本书成于国家日益强盛之际，国家带给了这一代青年人前所未有的安全感与归属感，故著文之人或有“指点江山”的豪迈之情，或有致敬英烈的感恩之心，或有赞颂祖国的自豪之意……作为编者，因这些青年作者的心血之作可以出版而万般喜悦、欣慰不已，也因自己的努力成果可以出版而深感自豪。愿本书的出版可以在时光长河中影响、启示更多的人，希望读者能听到这些青年作者的心声，品读其撰写的智慧，赓续精神血脉，传承红色基因。

潮平两岸阔，风正一帆悬。习近平总书记强调："要发扬军爱民、民拥军光荣传统，巩固和发展军政军民团结，汇聚强国兴军强大力量。"青年学生们爱党爱国拥军，不忘初心，牢记使命，中华民族伟大复兴的巨轮才能继续乘风破浪不断前行。

本书的顺利出版，得到了许多领导和作者的大力支持，在此，对所有参与者深表感谢！由于水平和时间的限制，本书尚有不尽如人意之处，敬请读者批评指正。

编　者

2021 年 11 月 29 日